国际可再生能源发展报告 2019

国家发展和改革委员会能源研究所可再生能源发展中心
编著

中国环境出版集团 · 北京

图书在版编目（CIP）数据

国际可再生能源发展报告 . 2019 / 国家发展和改革委员会能源研究所可再生能源发展中心编著 . —北京：中国环境出版集团，2019.12

ISBN 978-7-5111-4227-6

Ⅰ . ①国… Ⅱ . ①国… Ⅲ . ①再生能源—能源发展—研究报告—世界— 2019 Ⅳ . ① F416.2

中国版本图书馆 CIP 数据核字（2019）第 291717 号

出 版 人 武德凯
责任编辑 高 峰
责任校对 任 丽
封面设计 彭 杉

出版发行 中国环境出版集团
（100062 北京市东城区广渠门内大街 16 号）
网 址：http://www.cesp.com.cn
电子邮箱：bjgl@cesp.com.cn
联系电话：010-67112765（编辑管理部）
发行热线：010-67125803 010-67113405（传真）
印 刷 北京中科印刷有限公司
经 销 各地新华书店
版 次 2019 年 12 月第一版
印 次 2019 年 12 月第一次印刷
开 本 787 × 1092 1 / 16
印 张 9.75
字 数 182 千字
定 价 48.00 元

序　言

近年来，发展可再生能源已成为许多国家（地区）推进能源转型的核心内容和应对气候变化的重要途径，90% 以上的联合国气候变化《巴黎协定》签约国都设定了可再生能源发展目标。欧盟、日本、英国等发达国家和地区都把发展可再生能源作为温室气体减排的重要措施。承诺争取在 2030—2050 年实现 100% 可再生能源供能，以助力全球实现 1.5℃温控目标。

2018 年，全球可再生能源在电力部门持续取得瞩目进展，经过多年的增长，新增装机的增速趋于平缓，可再生能源发电年新增装机容量达到 1.81 亿 kW，可再生能源发电量占全部发电量比重达到 26.2%，与传统的热电相比，可再生能源的成本竞争力日益增强。

2018 年，全球可再生能源装机容量增至约 23.78 亿 kW。连续第 4 年，可再生能源新增装机容量超过了化石燃料和核能的新装机容量。其中太阳能光伏（PV）新增装机容量约 1 亿 kW，占可再生能源新增装机容量的 55%，其次是风力发电（28%）和水电（11%）。可再生能源的地位已在全球范围确立。2018 年，90 多个国家和地区安装了至少 100 万 kW 的可再生能源装机，而至少有 30 个国家或地区的可再生能源装机容量超过 1 000 万 kW。风能和太阳能光伏发电在一些地方的市场份额进一步增加，目前越来越多的国家或地区在电力结构中拥有超过 20% 的间歇性可再生能源。

《国际可再生能源发展报告 2019》包括综合篇、产业篇，分别介绍年度全球可再生能源产业的总体概况，分析了主要国家可再生能源产业的发展现状和近期趋势，总结主要国家和地区的战略目标、政策措施及产业市场进展，归纳了全球可再生能源的未来发展趋势。

本书由王仲颖、任东明负责策划和指导，陶冶总体负责组织撰写、审核和汇总。

综合篇由陶冶、韩雪、钟财富、刘建东、郭晓雄撰写。陶冶负责审阅。

产业篇风电部分由韩雪撰写，太阳能光伏发电部分由钟财富撰写，太阳能热发电和太阳能热利用部分由孙培军撰写，生物质部分由窦克军撰写，水电部分由刘建东撰写，地热能和海洋能部分由郭晓雄撰写，储能部分由刘坚撰写。

侯文森负责报告全书统稿。

陶冶负责报告全书最终审核。

特别感谢“英国儿童投资基金会”（CIFF）、“可再生能源推动中国能源革命”课题对本书出版的支持。本书出版的目的在于方便国内研究人员学习参考国际可再生发展情况，书中部分引用的国外相关研究成果数据、内容观点不代表国家可再生能源中心立场。

国际可再生能源发展报告编写组

2019 年 10 月　北京

目 录 CONTENTS

第一篇 综合篇

第二篇 产业篇

表目录

第一篇　综合篇

第二篇　产业篇

图目录

第一篇　综合篇

第二篇　产业篇

第一篇

综合篇

1　全球能源发展综述

1.1　全球能源发展概述

2018 年，全球能源生产和消费增长强劲。其中，可再生能源与核能等非化石能源稳步发展，带动清洁能源生产和消费占比持续提升；天然气、石油、煤炭等化石能源消费持续增长，仍是目前全球能源和电力供应的主要来源。

能源生产和消费分布方面，根据《BP 世界能源统计年鉴 2019》，2018 年全球一次能源生产消费总量约 139 亿 t 油当量，同比增长 2.9%，创 2010 年以来的最高增速。从各地区增速来看，独联体国家（4.4%）和亚太地区（4.1%）增速较高，非洲（2.9%）、北美洲（2.8%）和中东地区（2.4%）增速与全球平均水平基本持平，中南美洲（0.3%）和欧洲（0.03%）增速较低。从各国消费量来看，中国（不含香港、澳门和台湾地区）、美国和印度最高，分别达到 32.7 亿 t、23.0 亿 t 和 8.1 亿 t 油当量，合计占全球总量的 46%，同时年度增速分别为 4.3%、3.5% 和 7.9%，合计贡献了全球能源需求增长量的 70%。

能源生产和消费结构方面，2018 年，水、风、光等可再生能源生产消费量同比增长 7.1%，天然气增长 5.3%，高于石油（1.5%）和煤炭（1.4%）增长。从增量结构来看，天然气贡献率 43%，其中约 50% 来自美国陆上页岩气增量；可再生能源贡献率 26%，其中风能、太阳能等新能源的增速超过 18%；可再生能源和天然气增量合计接近全球的 70%，是全球能源生产和消费增长的主要驱动因素。从总量结构来看，2018 年，可再生能源占全球能源生产消费量的比重增长 0.4 个百分点为 10.9%，可再生能源、核电及天然气等清洁能源占比增长 1 个百分点为 39.2%。与之对应，石油和煤炭生产消费量占比分别下降 0.6 和 0.4 个百分点，但仍分别高达 33.6% 和 27.2%，合计超过 60%，仍是目前全球能源生产消费的主要来源。

电力生产和消费方面，2018 年，在电气化加快推进的背景下，全球电力生产和消费总量大幅增长，全年总发电量合计 26.6 万亿 kW · h，同比增长 3.7%，是近 20

年来的最高值。从地区分布情况看，中国、美国发电量分别达到 7.1 万亿 kW · h 和 4.4 万亿 kW · h，合计占比 43.5%；同时，超过 80% 的电力需求增长来自发展中国家，其中，中国和印度合计贡献了 2/3。从各电源品种结构看，2018 年全球总发电装机约 71 亿 kW。其中，煤电装机约 20.2 亿 kW，占比 28.4%，年发电量约 10.1 万亿 kW · h，占比高达 38%，仍然是当前全球最主要的电力供应来源。可再生能源装机容量合计约 23.5 亿 kW，占比 33%，年发电量 6.7 万亿 kW · h，占比提升 0.8 个百分点为 25.1%，超过天然气（23.2%）位居各类电源的第 2 位。其中，水电装机容量约 11.7 亿 kW，占比 16.5%，年发电量 4.2 万亿 kW · h，占比下降 0.1 个百分点为 15.8%；风电、光伏发电、生物质发电等新能源发电装机容量约 11.8 亿 kW，占比 16.6%，已超过水电装机容量，年发电量 2.5 万亿 kW · h，占比提升 0.9 个百分点为 9.3%。

1.2 全球可再生能源市场保持快速发展

1.2.1 可再生能源发电新增装机容量不断创新高

2018 年，在一些国家可再生能源补贴政策出现较大调整背景下，可再生能源发电新增装机容量仍保持了稳步增长，连续 5 年创新高。2018 年全球可再生能源发电年新增装机容量达到 1.81 亿 kW[①]，相比 2017 年增长 300 万 kW；可再生能源新增装机容量占当年全部净新增发电装机容量的 64%，连续 4 年占比超过 50%，电力正在加速向清洁化转型。分品种来看，光伏发电是可再生能源发电装机容量中的主力，2018 年新增装机容量约 1 亿 kW[②]，同比增加 200 万 kW，占新增可再生能源装机容量的 55%；风电新增装机容量 5 100 万 kW，同比下降 100 万 kW，占新增可再生能源装机容量的 28%；水电新增装机容量 2 000 万 kW，同比增加 100 万 kW，占新增可再生能源装机容量的 11%；生物质发电装机容量约 800 万 kW，同比持平。分国别来看，中国在光伏发电、风电、水电和太阳能热发电领域新增装机容量仍保持领先，分别达到 4 500 万 kW、2 006 万 kW、700 万 kW 和 0.2 万 kW；印度近年来可再生能源发展迅速，光伏新增装机容量 1 080 万 kW（全球第二），风电新增装机容量 220 万 kW（全球第四）；美国可再生能源发展保持稳定，光伏新增装机容量 1 060 万 kW（全球第三），风电新增装机容量 760 万 kW（全球第二）。

① REN21, "RENEWABLESGLOBAL STATUS REPORT 2019"。

② 不含抽水蓄能机组。

截至2018年年底，全球可再生能源电力总装机容量约为23.78亿kW，约占全球电力总装机容量的33%，水电在可再生能源电力总装机容量的比重下降到48%，风电比重上升到25%，光伏发电比例超过20%。2018年可再生能源装机容量排名前5位的国家是中国、美国、巴西、德国和印度，分别达到7.3亿kW、2.5亿kW、1.4亿kW、1.2亿kW和1.1亿kW①。非水可再生能源排名前5位的国家分别是中国、美国、德国、印度和日本，装机容量分别达到4亿kW、1.8亿kW、1.1亿kW、0.8亿kW和0.6亿kW。人均非水电可再生能源装机较高的国家是冰岛、丹麦、德国、瑞典和芬兰。

2018年风、光发电渗透率不断提高，全球有9个以上国家和地区渗透率超过20%，其中丹麦达到51%、乌拉圭36%、爱尔兰29%、德国26%、葡萄牙24%。全球可再生能源累计装机容量和产量如表1-1所示。

表1-1 全球可再生能源累计装机容量和产量

类型	2013年	2014年	2015年	2016年	2017年	2018年
含水电可再生能源装机/亿kW	15.78	17.12	18.49	20.17	21.95	23.78
水电累计/亿kW（不含抽蓄）	10.18	10.55	10.64	10.95	11.14	11.32
风电累计/亿kW	3.19	3.70	4.33	4.87	5.39	5.91
光伏发电累计/亿kW	1.38	1.77	2.27	3.03	4.02	5.05
太阳能热发电累计/万kW	340	440	480	480	490	550
太阳能热水器累计量/GW_{th}	374	409	435	456	472	480
生物质能发电装机/亿kW	0.88	0.93	1.06	1.14	1.22	1.30
地热能装机/万kW	1 210	1 280	1 320	1 350	1 280	1 330
生物乙醇年产量/亿L	878	940	983	1 030	1 055	1 120
生物柴油年产量/亿L	263	297	301	308	310	340

资料来源：REN21, 2019年全球可再生能源现状报告。

2018年，可再生能源发电量占全球总发电量的26.2%，同比基本持平，其中水电发电量约占15.8%，同比降低0.6个百分点；风电发电量占5.5%，同比基本持平；光伏发电量占比2.4%，同比上升0.5个百分点；生物质发电量占比2.2%，同比持平（图1-1）。

1.2.2 可再生能源已成为最具成本竞争力发电技术

随着可再生能源发电竞争力持续增强，全球大部分地区可再生能源已成为新一代

① IRENA RENEWABLE CAPACITY STATISTICS 2019.

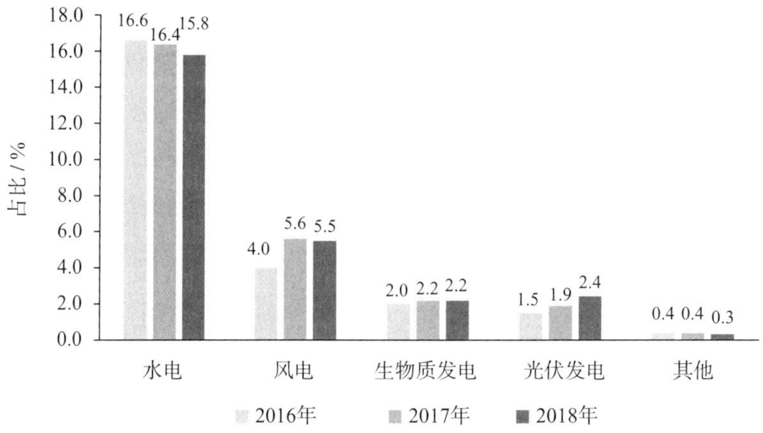

图 1–1　全球可再生能源发电在全部发电量中的比重

资料来源：REN21，2019 年全球可再生能源现状报告。

发电成本最低的技术。自 2010 年以来，水电、陆上风电项目的全球加权 LCOE（平准化发电成本）已具有与化石燃料的竞争能力。2014 年以来，太阳能光伏发电全球加权平均 LCOE 也已降至与化石燃料竞争的水平。2018 年，水电、陆上风电、光伏发电的全球加权平均 LCOE 进一步下降，在大部分国家和地区已成为成本最低的发电技术。

2018 年，新投产的陆上风电全球加权平均 LOCE 降至 0.056 美元 /（kW · h），同比上年下降 13%，相比 2010 年下降了 35%[①]。2018 年，中国和美国的加权平均 LCOE 降至 0.048 美元 /（kW · h），巴西、法国、德国、印度和英国每千瓦时 LCOE 分别降至 0.061 美元、0.076 美元、0.075 美元、0.062 美元和 0.063 美元。陆上风电 LCOE 下降主要得益于功率因子的提高，全球加权平均功率因子从 2010 年的 27% 提高到了 2018 年的 34%。2018 年，巴西、美国、英国陆上风电加权平均功率因子分别为 46%、44% 和 40%，中国、德国和法国加权平均功率因子为 29%。海上风电 LOCE 下降缓慢，2018 年全球加权平均 LCOE 为 0.127 美元 /（kW · h），同比上年下降 1%，同比 2010 年下降 20%。

2018 年，大型光伏电站全球加权平均 LCOE 持续下降至 0.085 美元 /（kW · h），同比上年下降 13%，相比 2010 年下降 77%。光伏发电 LCOE 下降主要来自光伏组件和平衡系统价格的大幅下降。分国别来看，印度光伏发电 LCOE 下降最快达到 0.063 美元 /（kW · h），同比下降 21%；中国光伏发电 LCOE 下降至 0.067 美元 /（kW · h），同比

① IRENA RENEABLE POWER GENERATIONS COSTS IN 2018.

下降 20%；美国下降至 0.082 美元 /（kW·h），同比下降 18%；日本同比下降 1%，保持在 0.153 美元 /（kW·h）；德国 LCOE 稍有反弹，基本稳定在 0.11 美元 /（kW·h）。

2018 年，光热发电（CSP）LCOE 下降明显，同比下降 26%，达到 0.185 美元 /（kW·h）。尽管 CSP 价格相比光伏仍然较高，但由于其具有的储能和可在电网中发挥稳定电力的特性，其 LCOE 价格可保持快速下降。

近年来随着水电站在地理位置、环保要求等方面的要求越来越高，全球水电 LCOE 呈上升趋势，2018 年水电全球加权平均 LCOE 达到 0.047 美元 /（kW·h），同比 2010 年上升 29%。

尽管各国由于资源禀赋和建设成本的差异，可再生能源发电技术在一些国家相比化石能源仍然较高，但不断降低的电价反映了可再生能源技术进步带来的成本下降以及竞争力的不断提高。在市场和技术的共同作用下，可再生能源发电技术在大部分国家在近 1~2 年内成为最经济的电力，并将进一步驱动可再生能源大规模发展。

1.2.3 可再生能源投资呈区域接力式发展

随着应对气候变化制度逐步建立和全球能源转型进程加快，可再生能源的长期前景更加确定、投资风险不断下降，从 2010 年起可再生能源投资规模已经连续 9 年投资规模超过 2 000 亿美元。2018 年，全球对可再生能源和燃料的投资总额同比 2017 年下降 11%，达到 2 890 亿美元（不包括大于 5 万 kW 的水力发电厂），主要原因在于光伏发电成本的显著下降，投资强度即相同装机容量所需要的投资额大幅降低。

2018 年，发达国家可再生能源投资由降转升，投资总额达到 1 361 亿美元，同比增长了 11%。发展中国家（不包括中国）可再生能源投资达到 616 亿美元，同比增长 6%，创造了新的投资纪录。得益于英国、西班牙、荷兰和瑞典等国的可再生能源投资快速增加，欧洲可再生能源投资创造了近两年新高，同比增长了 39%，达到 612 亿美元。德国投资降低到 75 亿美元，同比下降 45%。美国投资同比增长 1%，达到 485 亿美元。亚太地区，澳大利亚、越南投资保持快速增长，分别达到 95 亿美元和 41 亿美元，同比分别增长 32% 和 7 倍；中国投资同比下降 37%，达到 912 亿美元，仍占全球可再生能源投资的 32%；日本和印度可再生能源投资同比分别下降了 19% 和 16%。中东和非洲是 2018 年可再生能源投资增长最为明显区域，同比增长 57%，达到 154 亿美元；埃及、肯尼亚、摩洛哥和南非保持较快增长。拉丁美洲可再生能源投资整体呈下降趋势，除阿根廷和加拿大保持约 18% 的增长外，智利、墨西哥和巴西投资大幅下降，同比分别下降 41%、38% 和 47%（图 1–2）。

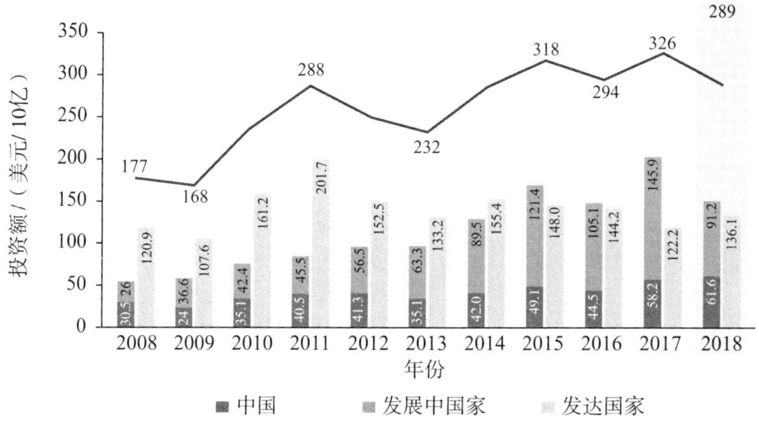

图 1–2　2008—2018 年发达国家和发展中国家清洁能源投资额

资料来源：BNEF，REN 21。

在各类可再生能源中，风电和太阳能发电是可再生能源投资的最重要领域，而且风电和光伏合计投资在总投资的占比逐年增大，2014 年即已经达到 90%，2018 年达到 94%，其中光伏和风电分别占 48% 和 46%。如图 1–3 所示，太阳能发电由于中国新增装机的减少以及单位投资价格的下降，2018 年全球投资额同比下降了 22%；风电则由于中国、美国等国装机容量的增长带动 2018 年风电投资额同比增长 3%，达到 1 341 亿美元。未来随着海上风电成本下降和市场的进一步发展，海上风电投资成为风电新增投资的主要来源。

图 1–3　2008—2018 年全球新增的各类可再生能源投资额及总投资额

资料来源：REN 21。

在可再生能源投资扩大，新增装机不断增高的同时，可再生能源也在创造着新的就业机会。根据国际可再生能源署（IRENA）的统计，2018 年，全球可再生能源行业直接和间接就业人数约 1 100 万人，与上年同期相比新增就业人数 45 万，其中光伏是就业人数最多的领域，约有 361 万人，生物质能次之，为 318 万人，风电行业为 116 万人。从国家来看，中国、巴西、美国在可再生能源领域就业人数领先全球，分别为 407 万人、112 万人、85 万人。欧盟可再生能源行业就业人数共有 123 万人。中国仍然是可再生能源就业领域无可争议的领导者，光伏目前是中国可再生能源部门就业的主力。除太阳能供热和制冷量下降外，中国在可再生能源技术方面的就业基本保持不变。生物燃料仍然是巴西的中流砥柱，创造了 83 万个就业岗位。在美国，太阳能工作岗位的下滑被风电增长所抵消。欧盟 2018 年可再生能源就业人数同比减少 33 万人，为 123 万人。2018 年全球可再生能源就业人数如表 1–2 所示。

表 1–2　2018 年全球可再生能源就业人数

单位：10^3 人

领域	全球	中国	巴西	美国	印度	欧盟
太阳能光伏	3 605	2 194	15.6	225	115	100
生物燃料	2 063	51	832	311	35	200
风电	1 160	510	34	114	58	344
太阳能供热制冷	801	670	41	12	20.7	34
生物成型燃料	787	186	—	79	58	389
沼气	334	145	—	7	85	71
水电	2 054	308	203	66.5	347	71
地热能	94	2.5	—	35	—	25
太阳能热发电	34	11	—	5	—	6
合计	10 983	4 078	1 125	855	719	1 268

1.3　可再生能源发展加速全球主要经济体“能源转型”

1.3.1　可再生能源已经成为全球“能源转型”的核心

几乎所有发达国家和发展中国家都提出了支持可再生能源发展的相关政策，即使传统化石能源丰富的加拿大、澳大利亚和中东、北非地区的国家，也已提出了可再生能源发展目标，重点发展太阳能等新能源，以减少对化石能源的依赖。其中 130 个国家出台了可再生能源电力政策，70 个国家出台了可再生能源交通政策，44

个国家出台了碳价格政策，20 个国家出台了可再生能源供热和制冷政策。大部分国家或自治地区制定了可再生能源目标，近 10 个国家和自治地区设定了可再生能源占比至少 50% 的目标，162 个国家设定了具体的可再生能源发电目标。2018 年，欧盟修订了 2030 年可再生发展目标，将原来可再生能源占终端能源消费的比重从 27% 提高到 32%，可再生能源燃料在交通能源中的比例最低达到 14%，在可再生能源供热和制冷方面保持每年 1.3% 的装机增长（表 1–3）。

表 1–3 主要国家（地区）可再生能源发展目标和重点领域

国家	可再生能源发展目标	重点领域和措施
欧盟	2020 年可再生能源占到能源消费总量 20%，2030 年 32%，2050 年 50%	推进风能、太阳能、生物质能、智能电网，实施碳排放交易（ETS）
英国	到 2020 年，可再生能源占终端能源消费的 15%，其中 40% 的电力来自绿色能源领域	积极发展陆上风电、海上风电、生物质发电等，推广智能电表及需求侧响应技术；可再生能源发电差价合约（CFD）
德国	到 2020 年、2030 年、2040 年、2050 年，可再生能源占终端能源消费的比重将分别达到 18%、30%、45%、60%，可再生能源电力占电力总消费比重分别达到 35%、50%、65%、80%	扶持风电、光伏发电、储能，扩建输电管网设施，扩大能源储存能力；可再生能源固定上网电价（FIT）和溢价补贴（FIP）
丹麦	2020 年，可再生能源占终端能源消费的比重达到 35%；2050 年完全摆脱化石能源消费	支持风电、绿色供暖体系发展，推动可再生能源在建筑、工业、交通领域中的应用，推动智能电网发展
美国	2030 年电力部门二氧化碳排放在 2005 年的基础上削减 30%	推动风电、太阳能发电、生物燃料、智能电网建设。生产税抵扣（PTC）和投资税抵扣（ITC），30 余个州实行可再生能源配额制政策（RPS）
中国	2020 年和 2030 年非化石能源占一次能源比重分别达到 15% 和 20%	支持水电、风电、太阳能发电、可再生能源热利用和燃料；新能源发电的固定上网电价，分布式光伏发电度电补贴

1.3.2 欧盟仍是全球可再生能源发展的先锋

经过 3 年可再生能源投资低潮，欧洲可再生能源投资创造了近两年新高，同比增长了 39%，达到 612 亿美元[①]，欧洲仍然是引领世界建设低碳、清洁和可持续的能源体系的先锋。欧盟于 2014 年 10 月制定了 2020 年可再生能源在能源消费中的比重达到 20%、2030 年达到 27% 的能源发展目标，并用量化指标约束各成员国加快发展

① REN21, "RENEWABLESGLOBAL STATUS REPORT 2018。

可再生能源，2018 年 6 月又再次将欧盟 2030 年可再生能源目标从 27% 上调为 32%。丹麦提出到 2050 年完全摆脱化石能源，德国提出的战略目标是到 2050 年可再生能源在能源消费中占 60%、在电力消费中占 80%，并制定了各阶段的具体目标。

在有利的政策环境和发展战略指引下，基于有效的实施，欧盟可再生能源发展仍走在全球的前列，取得了瞩目的成绩。从实现 2020 目标的进程看，尽管欧盟各国进展不一，但大部分国家总体进展较好，在欧盟最新的每两年公布一次的目标实施进展报告[①]中指出，“2015 年欧盟整体可再生能源占终端能源的比例为 16.4%，同比提高 0.4 个百分点，其中保加利亚、捷克、爱沙尼亚、芬兰、克罗地亚、意大利、立陶宛、罗马尼亚及瑞典 9 国已达到各自 2020 年可再生能源终端能源占比目标。”

2018 年，欧盟新增可再生发电装机 2 028 万 kW，同比上年增长 4.5%，累计可再生能源装机达到 4.66 亿 kW[②]，占欧盟总发电量中的比重超过 33%，成为第一大电源[③]。欧盟国家风、光、电等波动电源在电力生产中的比重引领全球，丹麦占比 51%、爱尔兰占比 29%、德国占比 26%、葡萄牙占比 24%。

1.3.3 中国可再生能源从规模化向高质量发展

2018 年，中国不断完善可再生能源政策，包括建立风电、光伏发电无补贴平价上网制度，可再生能源补贴竞争机制，结合可再生能源消纳和可再生能源绿色电力证书的可再生能源电力消纳保障机制，以及电力市场化条件下的支持机制等。2018 年在市场推动下，中国可再生能源仍保持了较快的增长，2018 年，中国对可再生能源领域的新增投资达到 912 亿美元，约占全球总投资的 35%，继续保持全球可再生能源新增市场投资规模最大的地位。中国水电（不含抽蓄）、风电和太阳能发电新增装机继续引领全球，分别为 724 万 kW、2 100 万 kW 和 4 473 万 kW，分别占全球各技术新增装机的 36%（同比下降 1 个百分点）、41%（同比提高 12 个百分点）和 45%（同比下降 9 个百分点）；水电（不含抽蓄）、风电和太阳能发电累计装机分别达到 3.22 亿 kW、1.84 亿 kW 和 1.74 亿 kW，分别占全球各技术累计装机的 24%、31%（同比提高 1 个百分点）和 34%（同比提高 2 个百分点）。2018 年，可再生能源发电量 18 670 亿 kW·h，占全部发电量的 26.7%，相比 2010 年的 18% 提升了 8.7 个百分点；占全部能源的消费比重在 2018 年为 12.4%，相比 2010 年提高了 5.5 个

① EU, Renewable Energy Progress Report, 2017, http://eur-lex.europa.eu/legal-content/EN/TXT/PDF/?uri=CELEX:52017DC0057&qid=1488449105433&from=EN.

② IRENA Renewable Energy statistic 2019.

③ BP,《世界能源统计年鉴》，2018。

百分点[①]。

2018 年，中国继续组织实施光伏领跑者计划和风电平价上网示范项目，推动技术进步和成本下降。中国的第三批光伏应用领跑者项目 10 个基地共 500 万 kW 指标于 2018 年 4 月全部招标完毕，最低的中标电价为 0.31 元 /（kW・h），低于当地的燃煤标杆电价（0.324 7 元）。所有项目的中标电价平均只比当地的燃煤标杆电价高约 0.1 元 /（kW・h）。2019 年年初，中国出台了推进风电、光伏发电无补贴平价上网的政策措施，引导一批平价（低价）上网项目试点，无补贴项目将成为未来光伏发电市场的重点。

1.3.4 新兴经济体和发展中国家可再生能源快速增长

2018 年，发展中国家（不包括中国）可再生能源投资达到 616 亿美元，同比增长 6%，亚洲地区越南投资保持快速增长，中东和非洲是 2018 年可再生能源投资增长最为明显区域，同比增长 57% 为 154 亿美元。

东盟国家可再生能源资源十分丰富，最为突出的是水能、生物质能和地热能，东盟地区的水电开发、地热能利用以及各类生物质能领域的发展也是全球的代表。东盟能源合作 2010—2015 行动计划[②]提出，到 2020 年东盟电力结构中 15% 的电力供应来自可再生能源。2018 年，越南投资为 41 亿元，同比增长 7 倍，首次成为几十亿级的市场。越南政府于 2015 年 9 月批准的《2015—2030 年阶段可再生能源发展战略，2050 年远景展望》已提出各具体目标，水电发电装机到 2020 年、2025 年和 2030 年分别达到 2 160 万 kW、2 460 万 kW 和 2 780 万 kW；太阳能发电装机分别达到 85 万 kW、400 万 kW 和 1 200 万 kW；风电装机分别达到 80 万 kW、200 万 kW 和 600 万 kW。2018 年越南调高了风电标杆电价（FIT），陆上风电从原来的每千瓦时 1 809 越南盾（0.078 美元）调高到 1 928 越南盾（0.085 美元）；海上风电调高到每千瓦时 2 223 越南盾（0.098 美元）。2018 年，越南新增可再生能源装机 32 万 kW，累计装机 1 850 万 kW。其中，水电累计装机 1 790 万 kW，风电装机 26.8 万 kW（海上 13 万 kW），太阳能发电装机 10.6 万 kW。

阿联酋、沙特等传统的产油国也日益重视发展可再生能源。阿联酋是中东国家发展可再生能源的代表，开展了一系列旨在推进可再生能源发展的重大行动，提出到 2021 年能源消费 24% 来自清洁能源[③]。其中，阿布扎比和迪拜两个酋长国已分别

① 此处中国的数据来源于国家可再生能源中心。

② ASENA, "Action Plan on Energy Cooperation 2010–2015", 2016.

③ 国际可再生能源署，《海湾国家市场报告》，2016。

制定了可再生能源发展目标，到 2020 年可再生能源发电在阿布扎比全部发电中的比重达到 7%，到 2030 年可再生能源将满足迪拜 5% 的电力需求，届时太阳能光伏发电装机容量将新增 500 万 kW。沙特 2012 年曾提出远期可再生能源发展目标，计划到 2032 年可再生能源发电总装机达到 5 400 万 kW，其中，太阳能发电装机 4 100 万 kW，虽然目前进展缓慢，但在 2016 年 4 月最新发布《2030 愿景目标》中强调通过修改有关法律改善投资环境、推动燃料市场自由化确保可再生能源具有竞争力。2017 年，沙特和阿联酋迪拜光伏项目招标创造了新低分别降到 0.023 4 美元 /（kW · h）和 0.024 美元 /（kW · h）。可再生能源也是解决非洲现代能源匮乏的重要途径。南非提出在未来 20 年内投资 900 亿美元发展可再生能源，计划将可再生能源利用总量提升 40%，使全国总发电量翻一番。

1.4 可再生能源持续推进规模化开发利用

全球可再生电力总装机约为 23.78 亿 kW，约占全球电力总装机的 33%，其中，水电装机 12.92 亿 kW，风电装机 5.91 亿 kW，光伏发电装机 5 亿 kW，生物质发电装机 1.3 亿 kW。

1.4.1 全球水电发展平缓，老旧电站加快技术升级

近年来水电发展较为平缓，2018 年全球新增水电装机 2 180 万 kW（包括 200 万 kW 抽水蓄能），同比上年基本持平，总装机达到 12.92 亿 kW。2018 年全球水电总发电量约为 4.2 万亿 kW · h，同比上升了约 1%。水电仍是规模最大的可再生能源发电技术但占比持续下降，2018 年，水电发电量占全球总发电量的 15.7% ，同比下降 1 个百分点，发电装机容量占全球可再生能源发电装机容量近 55% ，同比下降近 5 个百分点。2018 年全球新增水电主要集中在中国、巴西、巴基斯坦和土耳其，分别新增 700 万 kW、380 万 kW、250 万 kW 和 110 万 kW。

2018 年，全球抽水蓄能装机新增 190 万 kW，同比下降 30%，累计装机容量达到 1.60 亿 kW。2018 年，中国新增抽水蓄能 150 万 kW，总装机容量达到 2 990 万 kW，超过日本，全球排名第一。从国别来看，中国、日本、美国仍是全球抽水蓄能建设的主要国家，三者合计装机容量占全球总量一半以上。近年来，水电和抽水蓄能的灵活性在电力系统中的作用越来越受到认可，特别是其平衡风能和太阳能等不稳定可再生能源的作用日益凸显。2018 年水电行业的一个显着特点是陈旧的水电站维修

升级，全球超过一半的水电设施已经完成或即将进行技术升级以适应风、光、电等波动可再生能源快速增长的要求。

1.4.2 全球风电市场维持增长趋势，但涨幅趋缓

根据全球风能理事会（GWEC）统计，2018 年，全球新增风电装机容量 5 132 万 kW，较 2017 年减少 215 万 kW，同比降低 4%。尽管全球新增装机连续 3 年下降，但依然维持在 5 000 万 kW 以上，保持了较快的增长速度，新增装机容量在全球新增可再生能源总装机容量中的占比为 28%。截至 2018 年年底，全球已有超过 103 个国家建设了商业化的风电项目，其中 11 个国家风电装机容量超过了 1 000 万 kW，33 个国家超过了 100 万 kW。全球风电累计装机容量达 5.91 亿 kW，累计年增长率为 9.4%。

2018 年，陆上风电新增装机容量 4 682 万 kW，同比减少了 4.3%，中国和美国仍是全球最大的新增陆上风电市场，新增装机容量分别为 2 120 万 kW 和 759 万 kW。海上风电市场在 2019 年保持稳定发展，新增装机容量 450 万 kW，与 2017 年的新增规模基本相当，累计总装机容量规模达到 2 314 万 kW，占风电累计总装机容量的 4%（图 1–4）。

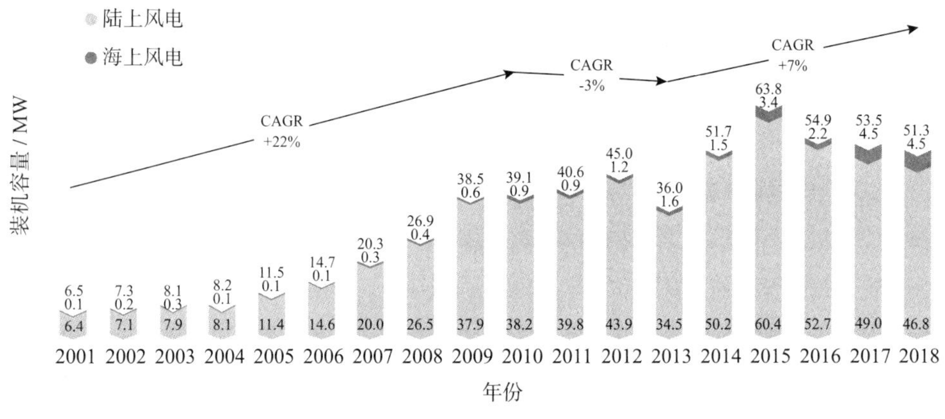

图 1–4　2001—2018 年全球新增风电装机容量

资料来源：GWEC，Global Wind Report 2018。

CAGR：复合年均增长率。

2018 年，中国风电发展扭转新增装机容量下降趋势，再次上涨，新增风电装机容量 2 300 万 kW，占全球总新增装机容量的 45%，较上年增加 8 个百分点，仍保持绝对优势并领跑全球风电市场。得益于风能生产税抵减法案的政策性因素驱使，美国新增装机容量仍保持较高水平，为 759 万 kW，同比增加 8%，是全球第二大市场。

1.4.3 太阳能利用开发继续保持高速增长

2018 年，全球光伏发电市场继续保持高速增长态势并再次创造了新的历史装机纪录，当年全球新增光伏装机容量约 1 亿 kW[①]，同比增长 1%，累计装机容量超过 5 亿 kW。2018 年新增安装量最大的前 5 个国家是中国、印度、美国、日本和澳大利亚，分别为 4 500 万 kW、1 080 万 kW、1 060 万 kW、650 万 kW 和 380 万 kW，这 5 个国家的当年新增市场规模占到全球市场容量的 83%。2018 年年底，全球累计太阳能光伏装机容量排名前 5 的国家是中国、美国、日本、德国和印度，分别为 1.76 亿 kW、6 240 万 kW、5 600 万 kW、4 530 万 kW 和 3 290 万 kW，占全球装机容量的 74%，中国占比超过 35%（图 1–5）。

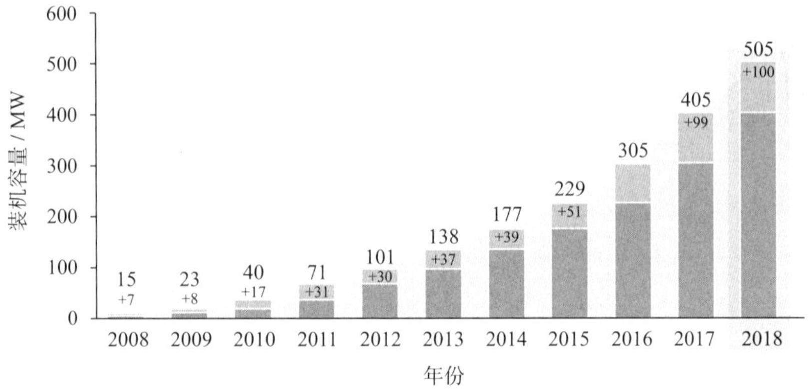

图 1–5　2008—2018 年全球太阳能光伏新增及累计装机容量

资料来源：IEA-PVPS，REN21。

亚洲市场依然是近年来全球光伏发电最重要市场，未来几年仍将保持快速增长，2018 年亚洲累计装机容量占全球装机的 58%，保持全球第一；相对亚洲的快速增长，欧洲在全球光伏装机的占比逐年下降，2018 年占比为 24%；美洲占比为 15%，中东亚地区占比为 3%。

2018 年，太阳能热发电市场扭转连续 3 年下降趋势，全球新增装机容量 55 万 kW，同比增长 45 万 kW，新增装机容量主要集中在中国和摩洛哥。全球累计太阳能热发电装机容量增长 11% 达到 550 万 kW，装机容量最多的国家分别是西班牙（230.4 万 kW）、美国（173.8 万 kW）和南非（30 万 kW）。

2018 年，全球新增热装机容量 3 300 万 kW_{th}，同比下降 4%，装机容量主要

① IEA–PVPS, "Snapshot of Global PV Markets", 2018.

分布在亚洲的中国、印度，欧洲的土耳其，美洲和拉丁美洲的美国、巴西等国家。2018 年全球新增量前 20 位的国家，市场规模约占到全球总规模的 93%。截至 2018 年年底，全球太阳能热装机容量为 4.80 亿 kW。截至 2018 年年底，中国仍然是世界太阳能热利用保有量最多的国家，远远高于其他国家，占全球保有量的 71.2%，其次为美国、土耳其、德国等国。

1.4.4 生物质发电、供热和液体燃料多样化利用稳步推进

生物质能利用多样化，应用于发电、供热、交通运输等多个能源领域，是应用范围最广的可再生能源。2018 年，全球生物质能利用总量约占全球能源消费量的 12.4%，约 46EJ[①]。其中，现代生物质能约占全球能源消费总量的 5%。大约 13.3EJ 的生物质热力贡献了全球 5% 的热力供应，3.5EJ 的生物燃料约占交通燃料的 3%，生物质电力约占全球电力的 2.1%。生物质电力每年以 9% 的速度增长，生物燃料以每年 7% 的增长速度紧随其后，而生物质供热增长相对缓慢，平均每年增长约 1.8%。在生物质能供热领域，传统生物质能约占到 70%。2018 年的现代生物质能利用中，生物质发电装机容量约 13 000 万 kW，发电量 5 810 亿 kW・h。生物液体燃料总量约 1.1 亿 t，生物质颗粒燃料产量约 2 800 万 t。

截至 2018 年年底，全球生物质发电装机容量达到 1.3 亿 kW，较 2017 年约增长了 6.5%，发电量约 5 810 亿 kW・h，较上年增长约 9%。装机容量最大的国家分别是中国（1 781 万 kW）、美国（1 680 万 kW）和巴西（1 460 万 kW）。

2018 年全球颗粒燃料产量达 3 500 万 t。从生产地区来看，欧洲仍占据全球颗粒燃料生产和消费的主导地位，2018 年，欧洲颗粒燃料产量约占全球颗粒燃料产量的 56%，其次，美国约占 25%，加拿大约占 9%，亚洲约占 8%，其他约占 2%。

全球生物燃料乙醇产量快速增长，从 2002 年的 1 619 万 t 增至 2018 年的 8 081 万 t，年均增长超过 11%。2018 年，全球生物燃料乙醇产量约 8 535 万 t，较上年增长了 5.6% 。美国和巴西继续占据全球生物燃料乙醇市场的主导地位，2018 年，两国的生物燃料乙醇产量约占到全球总产量的 84%，欧盟约占全球生物燃料乙醇产量的 5%，中国生产了约 314 万 t 燃料乙醇，约占全球产量的 4%，加拿大乙醇产量也超过 140 万 t。2018 年，全球生物柴油产量约 2 772 万 t，与上年相比增长约 7%。生物柴油的主要生产地区集中在欧洲和美洲，亚洲生物柴油产业近年来也得到较快发展，特别是东南亚的热带地区。

---

① REN21,“Renewables 2018 GLOBAL STATUS REPORT”, 2019.

第二篇

产业篇

2 风电

根据全球风能理事会（GWEC）统计，2018年，全球新增装机容量5 132万kW，较2017年减少215万kW，同比降低4%，但依然维持在5 000万kW以上，保持了较快的增长速度，新增装机容量在全球新增可再生能源总装机容量中的占比为28%。截至2018年年底，全球已有超过103个国家建设了商业化的风电项目，其中11个国家风电装机容量超过了1 000万kW，33个国家超过了100万kW，超过3个国家（波黑，印度尼西亚和科索沃等）首个商业化风电项目并网发电。全球风电累计装机容量达5.91亿kW，累计年增长率为9.4%。

2018年，陆上风电新增装机容量4 682万kW，同比减少了4.3%，中国和美国仍是全球最大的新增陆上风电市场，新增装机容量分别为2 120万kW和759万kW。海上风电市场在2018年保持稳定发展，新增装机容量450万kW，与2017年的新增规模基本相当，累计总装机容量达到2 314万kW，占风电累计总装机容量的4%。中国首次超越欧洲国家，成为全球最大的新增海上风电市场。

风电在一些国家电力体系中的作用愈加显现。2018年欧盟整体风电发电量在电力消费总量中的比重为14%，同比提高2.4个百分点，其中，丹麦达到41%排在第一位，爱尔兰、葡萄牙和德国的比重均超过20%。全球至少12个国家的比重超过了10%，非洲和拉丁美洲的一些国家的风电占比在快速攀升。我国的风电仍是继煤电和水电之后的第三大电力来源，风电在全部发电量中的比例超过5.3%，较2017年提升0.5个百分点。

风电行业在能源转型的进程中呈现出一些新的发展趋势：第一，风电的商业模式正在发生转变，风机制造商开始扩大其业务范围并投资和运营风电场，风电运营商的投资范围由单纯的风电场向储能、售电等领域拓展，这些现象的主要驱动因素是由于其核心业务的收益停滞不前而被迫寻找新的或替代的收入来源，这将使风电行业的格局更加复杂化。第二，企业采购成为了2018年新增的主要动力，据彭博新能源财经（BNEF），2018年约有640万kW的风电装机容量是通过北美和欧洲一些大的企业通过企业采购（cooperate PPA）实现的，除了通过国家目标和政策推动风电的发展外，企业采购也有可能进一步推动风电市场的需求，这一方面需要相关政策的引导，同样也需要扩大这些成功经验进而吸引更多的企业主体参与。第三，能源和电力的价值成为关注的焦点，相较于简单的能源生产，如何通过整合系统以实现能源供需的匹配成为了市场关注的焦点，基于此，风能混合解决方案的开发有利于实现风能价值的提升，而随着市场工具的创新、复杂进程管理能力的提升以及风电场数字化水平的提升，风能将会通过混合应用的实现扩展其应用领域并提升能源价值。

2.1 风电市场发展形势

2.1.1 全球风电市场发展总体情况

根据全球风能理事会（GWEC）统计，2018 年，全球风电市场继续保持平稳增长，全球新增装机容量 5 132 万 kW，较 2017 年减少 215 万 kW，同比降低 4%。风电市场范围继续扩大，截至 2018 年年底，全球已有超过 103 个国家建设了商业化的风电项目，超过 3 个国家（波黑，印度尼西亚和科索沃等）首个商业化风电项目并网发电。全球风电累计装机容量达 5.91 亿 kW，累计年增长率为 9.4%。据 GWEC 预测，2018 年新增风电市场将与 2017 年基本持平。根据 GWEC 预测，2023 年之前，全球每年陆上风电新增装机容量将达到约 5 000 万 kW，新增市场主要来自非洲 / 中东、拉美洲以及东南亚；海上新增装机将在近期达到 600 万 kW 以上，亚洲和北美洲的新增市场将在近期持续扩大（图 2–1）。

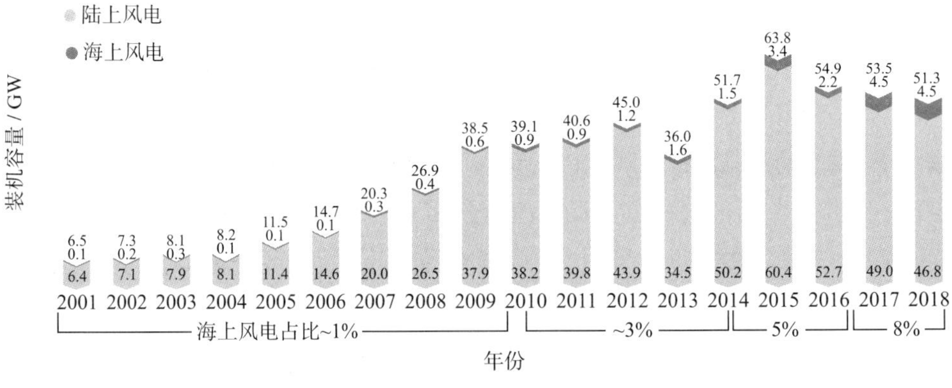

图 2–1　2001—2018 年全球新增风电装机容量

资料来源：全球风能理事会（GWEC），Global Wind Report 2018。

2018 年，中国风电发展扭转新增装机容量下降趋势，新增风电装机容量 2 300 万 kW[①]，占全球总新增装机容量的 45%，较 2017 年增加 8 个百分点，仍保持绝对优势领跑全球风电市场。得益于风能生产税抵减法案的政策性因素驱使，美国新增装机容量仍保持较高水平，为 759 万 kW，同比增加 8%，是全球第二大市场。德国新增装机容量 337.1 万 kW，由于其陆上和海上风电市场均呈现了不同程度的下滑，同比下降 49%。印度（219.1 万 kW）和巴西（193.9 万 kW）分别为第 4 位和第 5 位，二者年新增装机容量同比分别下降 47% 和 4%。受德国和英国新增市场萎缩的影响，2018 年欧洲新增装机容量为 1 168 万 kW，较 2017 年呈现了大幅下滑，同比下降 32%。在欧洲和印度新增市场下滑的同时，中国、北美和非洲（以及中东）地区的新增市场呈现上升趋势，墨西哥新增装机容量达到 92.9 万 kW，埃及和肯尼亚分别新增 38 万 kW 和 31 万 kW，引领新兴市场。

截至 2018 年，全球风电累计装机容量 59 155 万 kW，累计年增长率为 9.4%。中国仍是累计装机容量最多的国家，也是全球首个风电装机容量超过 2 亿 kW 的国家，累计装机容量为 21 139 万 kW。印度是亚洲地区除中国外进入全世界前五的市场，并由 2017 年的第 5 位升至第 4 位，其风电累计装机容量为 3 513 万 kW。美国、德国、西班牙分列全球第 2 位和第 3 位，并分别为各自区域的第 1 位，累计装机容量分别为 9 667 万 kW 和 5 956 万 kW。第 5 位为西班牙，但其新增装机容量十分缓慢，2018 年仅新增 39 万 kW，累计装机容量为 2 348 万 kW（图 2–2）。

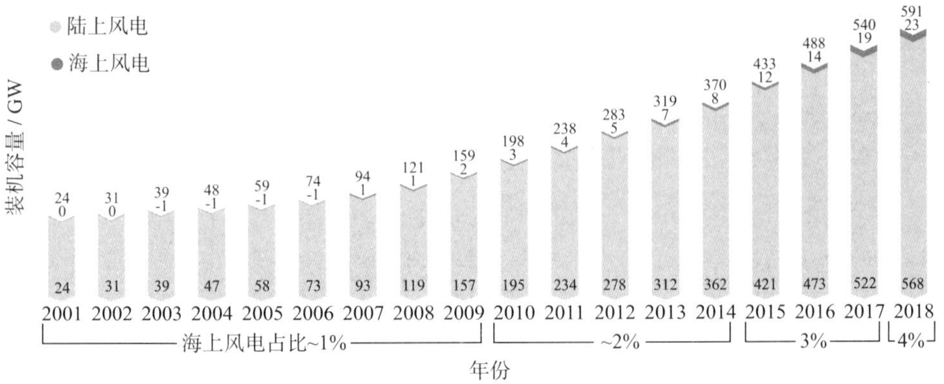

图 2–2　2001—2018 年全球风电累计装机容量

资料来源：全球风能理事会（GWEC），Global Wind Report 2018。

① 根据国家能源局统计，中国 2018 年全年新增风电并网装机容量 2 069 万 kW，累计并网装机容量为 1.84 亿 kW。

2018 年，全球海上风电市场发展稳健，新增装机容量为 450 万 kW，占 2018 年风电新增装机容量的 8%，与 2017 年的新增装机规模相当。目前，全球海上风电累计装机规模 2 314 万 kW，占风电累计总装机容量的 4%。亚洲、欧洲和北美是 2018 年海上风电新增市场的主力地区。根据 GWEC 预测，近期海上风电的发展首先将来自亚洲市场的拉动，继而来自北美市场，近期全球海上风电预期将会以 600 万 kW 或以上的平均年增长规模持续发展。到 2025 年，预期海上风电可以占到全球风电总装机容量的 10%，总装机容量达到 1 亿 kW。

2.1.2 主要国家和地区情况

中国　继续保持稳定增长，弃风情况持续好转

中国是世界风能领域的大国，拥有全球 36% 的风电装机容量。2018 年，全国风电新增并网装机容量 2 069 万 kW，其中海上风电新增装机容量 160.5 万 kW。截至 2018 年年底，全国累计并网装机容量达到 18 426 万 kW，全年风电发电量为 3 660 亿 kW · h，占全国总发电 5.3%，累计弃风电量 277 亿 kW · h，同比减少 145 亿 kW · h，弃风率为 7%，同比下降 5 个百分点。中国甘肃省拥有世界上最大的陆上风电场，装机容量达到 796 万 kW，是世界第二大陆上风电场的 5 倍。目前，全球最大的风电平价基地乌兰察布风电基地一期 600 万 kW 示范项目正在建设当中。随着风电技术进步、成本下降，中国的风电政策也随之发生调整，逐渐向无补贴过渡，通过竞争性配置资源和平价上网示范等措施推动成本的继续下降。

美国　陆上风电保持稳定增长，海上市场蓄势待发

2018 年，美国新增装机容量和累计装机容量均位居世界第二位，风电累计装机容量为 9 667 万 kW，以陆上风电为主。全球最大的 10 个陆上风电场中有 6 个位于美国，其中包括加利福尼亚的 Alta 风能中心，是世界第二大陆上风电场，容量为 155 万 kW。美国目前已开始加速布局海上风电，马萨诸塞州在 2018 年实行了租赁招标，纽约州也已启动了海上风电招标（200~800MW），其购电协议（PPA）的期限设定为 25 年。目前 MHI、维斯塔斯等企业已在美国设立了办事处，下一步将进入到海上风电供应链发展和项目建设推进阶段。

德国　新增装机大幅下滑但仍领跑欧洲市场

德国在欧洲的风电累计装机容量和 2018 年新增装机容量均为第一位。截至 2018 年年底，德国累计风电装机容量达到了 5 956 万 kW，2018 年的新增装机容量为 337 万 kW，其中陆上风电 240 万 kW、海上风电 97 万 kW，较 2017 年下降了

49%，是 10 年内最大幅的下滑，新增市场的下滑主要受较长的审批周期以及被延长的授予建设周期影响。其最大的海上风电场是 Gode Windfarms（第 1 阶段和第 2 阶段），总容量为 58 万 kW。继 2017 年的第一轮海上项目招标出现零补贴中标后，2018 年的第二轮招标再次出现了零补贴项目，见证了欧洲海上风电技术的成本下降。根据德国规划目标，其海上风电将在 2030 年前达到 2 000 万 kW 以上。

印度　近中期发展目标明确，海上风电将成为重要增长点

印度是亚洲风电装机容量排名第二位的国家，也是除中国以外唯一挤入世界风电装机容量前 10 位的亚洲国家，截至 2018 年，其累计装机容量为 3 513 万 kW，2018 年的新增装机容量为 219 万 kW，同比下降 47%。该国拥有世界上第三和第四大陆上风电场，其分别是印度南部泰米尔纳德邦的 Muppandal 风电场（150 万 kW）和印度北部拉贾斯坦邦的 Jaisalmer 风电场（106 万 kW）。印度政府已制定了到 2022 年新增 6 000 万 kW 风电的目标，其中海上风电为 500 万 kW；同时也设定了 2030 年建设 3 000 万 kW 海上风电的中长期目标。然而目前印度的海上风电市场处于早期阶段，发展潜力很大。印度于 2018 年首次提出发展海上风电的意向书（Expression of Interest），2019 年 1 月发布竞价规则，计划 2019 年完成招标，预计在未来 3 年内，海上风电将成为印度风电发展的重要增长点。

英国　海上风电持续发力，但陆上风电增长受政策过渡影响较大

英国是欧洲第二大风电市场，新增装机容量为 190 万 kW，占欧洲总新增容量的 16%。其 2/3 的新增装机容量来自海上风电，是 2018 年全球第二大海上风电新增市场，仅次于中国。Walney 3 Extension 海上风电场于 2018 年 10 月完工，风场共拥有 87 台机组，总容量为 657MW，是目前世界上在运的最大的海上风电场。2018 年，英国的陆上风电新增容量大幅减少。可再生能源证书（ROC）政策于 2017 年结束，现在陆上风电项目主要依赖于电力购买协议（PPA）和其他商业选择，且英国政府已明确表示将不会进行陆上风电的拍卖，因此导致英国风电新增市场 2017 年大幅的增长后，在 2018 年出现下降同比降低 56%。

巴西　南美洲地区最大的市场，拍卖政策推动风电产业持续发展

截至 2018 年年底，巴西拥有 147 万 kW 的累计风电装机容量，是南美地区最大的风电国家，并且保持较高的增长。最新数据显示，2019 年 2 月，巴西全国的风电发电量同比增长了 8.9%。风电在巴西的总电力装机结构中排名第四位，约占巴西总装机容量的 8%。2018 年，巴西新增装机容量 194 万 kW，同比减少 4%，但保持了一定稳定性。巴西目前以风电和光伏联合招标的方式推进风电发展。在 2018 年执行的两次拍卖（2018 年 4 月的 A–4 和 2018 年 9 月的 A–6）共拍卖了约 100 万 kW 的陆上风电。最低的平均中标价，即 67.6 巴西雷亚尔 /MW · h，再次成为 2018 年巴西可再生能源拍卖中最具竞争力的技术。拍卖计划的延续确保了巴西风电发展的稳定性，同时也保证了供应链的稳定。

墨西哥　新兴市场，但面临政策发展不确定性

墨西哥新装机容量在 2018 年创纪录，为 929MW，总装机容量接近 5GW。2017 年 11 月的拍卖产生了陆上风电的最低出价之一（17.8 美元 /MW · h）。此外，与公司的双边协议仍然是市场的强大推动力。从短期来看，墨西哥的风电产业发展前景因取消 2018 年 11 月的可再生能源拍卖以及取消电网基础设施招标而蒙上阴影。尽管如此，GWEC 预计到 2024 年墨西哥将实现可再生能源发电占全国 35% 电力的发展目标。

东南亚　风电支撑用电增长，逐渐成为重要的市场

在东南亚（包括印度尼西亚、菲律宾、泰国、越南、马来西亚以及其他国家），经济增长、人口增长和城市化进程推动了本地区能源需求的增长，风电逐渐成为重要的增量替代的方式。东南亚一些国家的政府已经制定了风电发展的目标（例如，越南到 2020 年的风电装机容量将达到 80 万 kW，菲律宾到 2030 年将风电装机容量达到 150 万 kW）。截至 2018 年年底，东南亚地区的陆上风电总装机容量为 150 万 kW。GWEC 预计，到 2023 年本地区将新增 4 000MW 以上的装机容量，从而促进亚洲风电市场的增长。为了支撑社会经济发展，近中期东南亚电力需求将呈现较快增长的趋势。为了使风电成为东南亚地区优先投资的对象，需要调整市场设计并加强基础设施和电网投资以适应风电的接入，包括定价机制的设计和发电调度规则的设计。随着企业采购和购电协议的兴起，多元的投资主体将介入东南亚风电市场的开发。虽然截至目前，东南亚尚未出现与风电开发商签订的企业购电协议，但是，GWEC 认为企业采购将有可能成为东南亚未来新增市场的主要推动力。

非洲和中东　政府承诺和政策执行是关键

预计非洲和中东的陆上风电市场每年将新增 1GW 以上，到 2023 年增加超过 6GW 的新增产能。预计大部分容量将位于埃及、肯尼亚、摩洛哥和南非。2018 年，这些国家重新确认了其可再生能源和风能的目标。例如，肯尼亚宣布到 2020 年实现 100% 可再生电力的目标将使其国内市场获得动力。南非从停滞状态中恢复过来，将在 2019 年举行第五轮采购。突尼斯成功地执行了 130MW 的招标，预计这个容量将在 2021 年完成。2018 年的区域市场领导者是埃及，拥有 380MW 的新增容量。为了推动这些新兴市场的进一步增长，政府需要继续致力于其目标，并对已公布和计划的招标和采购计划的执行采取后续行动，同时需要对一般基础设施（尤其是电网）进行持续投资，以确保规划和计划项目的顺利执行。克服挑战（例如，构建可融资的购电协议）将影响目标和抱负的实现方式以及国际和本地参与者将如何继续对该地区的承诺（表 2–1）。

表 2–1　全球各区域主要国家风电装机容量　　单位：万 kW

国别	2017 年		2018 年	
	新增装机	累计装机	新增装机	累计装机
全球合计	5 347	54 043	5 132	59 155
中国	1 966	18 839	2 300	21 139
美国	702	8 908	759	9 667
德国	659	5 619	337	5 956
印度	415	3 294	219	3 513
英国	436	1 906	190	2 096
法国	169	1 376	156	1 531
巴西	203	1 277	194	1 471
加拿大	34	1 224	57	1 282
土耳其	77	687	50	737
瑞典	20	650	72	722
澳大利亚	50	481	55	536
墨西哥	48	401	93	494
日本	17	340	26	366
南非	62	209	0	209
智利	27	142	20	162
韩国	10	110	13	123
埃及	0	81	38	119
巴基斯坦	20	79	40	119
阿根廷	2	23	49	72

资料来源：全球风能理事会（GWEC），Global Wind Report 2018。

2.2 风电产业发展形势

2.2.1 全球风电产业发展概况

（1）成本发展趋势

根据国际可再生能源署（IRENA）发布的《2018年可再生能源发电成本》，2018年投产的陆上风电项目的全球加权平均的平准化发电成本（LCOE）为0.056美元/（kW·h），比2017年低13%，比2010年低35%，为0.085美元/（kW·h）。从未来发展趋势看，风电设备和风电场风能利用率的增加将是LCOE下降的主要驱动因素。陆上风电的成本已处于化石燃料成本范围的较低位置。陆上风电的成本从项目级来看差异较大，不同国家之间的差异更加显著。中国的风电项目成本约为1 170美元/kW，而亚洲其他国家和地区的平均项目成本高达2 237美元/kW。2018年，海上风电的全球加权平均LCOE为0.127美元/（kW·h），比2017年低1%，比2010年低20%。然而，由于海上风电市场相对较小且各国政策环境不同，因此各个国家海上风电LCOE的降幅存在较大差别。随着海上风电逐渐向深海发展，海上风电的项目总成本也随之提升，全球平均水平由2000年的2 500美元/kW增高至2013—2014年的5 400美元/kW，之后又降至4 350美元/kW。从地区来看，欧洲的总成本高于中国，这也反映了中国的海上风电市场目前仍集中于近海和潮间带（图2-3、图2-4）。

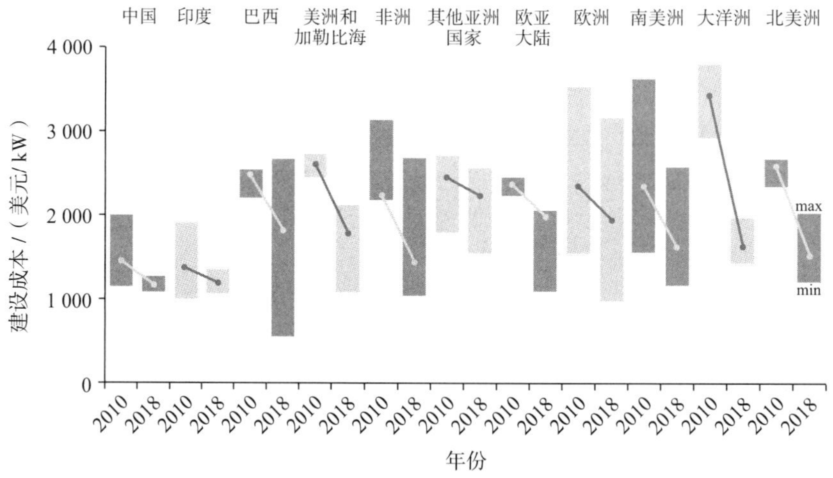

图 2-3　各国陆上风电总建设成本

资料来源：国际可再生能源署（IRENA），Renewable Power Generation Costs in 2018。

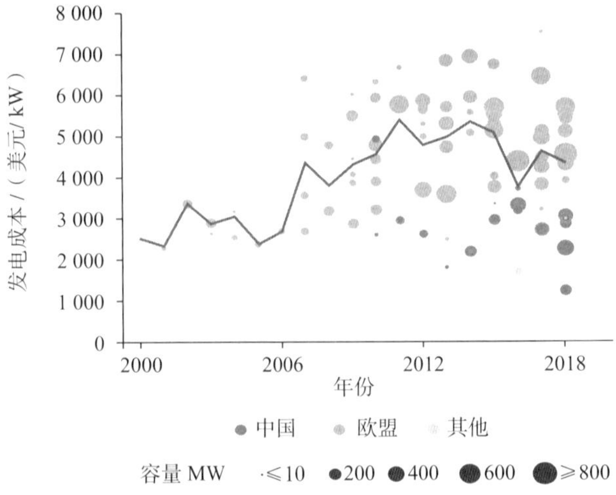

图 2-4　不同国家和地区海上风电成本发展趋势

资料来源：国际可再生能源署（IRENA），Renewable Power Generation Costs in 2018。

（2）风电供应商全球排名

根据咨询机构伍德麦肯兹（Wood Mackenzie）的统计，2018 年全球风机总供应量约为 4 960 万 kW，略低于 2017 年的 5 160 万 kW，其中前 10 位的整机设备制造商约占全球市场份额的 85.6%。维斯塔斯（Vestas）、金风科技以及西门子—歌美飒（SGRE）分别以 19.5%、14.2% 与 12.4% 的市场份额分列全球前 3 位。

2018 年，Vestas 在 12 个国家各拥有超过 300MW 的新增并网容量，而 2017 年新增装机容量超过 300MW 的国家仅有 6 个，同比新增 1.8GW 并网容量，创下 Vestas 历年市场份额新高。金风科技连续 8 年蝉联中国风电市场榜首，2018 年市场份额达到 33%，创下金风科技历年之最。2018 年，SGRE 陆上风电新增并网容量同比降低 2.5GW，海上风电容量同比降低 200MW，市场份额排名从 2017 年第 1 位跌至 2018 年第 3 位。然而，SGRE 在 6 个国家实现了并网容量为零的突破，其中包括 5 个陆上风电市场（印度尼西亚、巴基斯坦、波黑、伊朗和危地马拉），1 个海上风电市场（比利时），不断拓展其全球布局。

GE 在美国同比新增 1.3GW 风电容量，在亚太区域同比新增 341MW，全球范围内新增并网容量同比增加 28%。远景能源 2018 年继续巩固其中国风电市场第二大整机企业的排名，在黑山与墨西哥各新增并网 50MW 容量，首次在除中国外的市场新增超过 15MW 容量。上海电气首次跻身全球前 10 位，海上风电吊装容量超过陆上风电，全部集中于中国市场。2018 年全球前 15 家风机整机商排名及市场份额如图 2-5 所示。

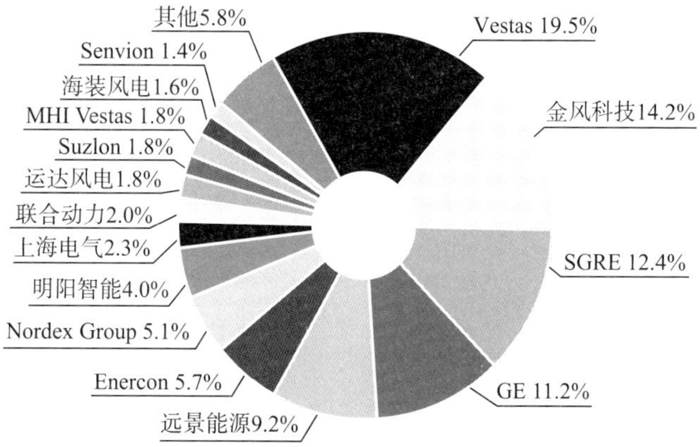

图 2-5　2018 年全球前 15 家风机整机商排名及市场份额

资料来源：伍德麦肯兹，2018 年全球风机整机企业市场份额。

（3）风机供应商在主要地区市场占有情况

2018 年美洲区域市场前 3 位分别为 Vestas、GE 和 Nordex。Vestas 在美洲区域的市场份额超过 35%，其在拉美 6 个国家新增近 1.2GW 容量，在美国市场新增 2.9GW。GE 连续两年位列 Vestas 之后排在第 2 位，尽管其在 2018 年夺回美国新增装机第 1 的位置，并且连续 6 年并网容量在巴西市场位于前列。Enercon 在巴西市场新增装机容量 313MW，同比新增 280MW，重返美洲市场第 5 位。

2018 年，欧洲、中东与非洲区域市场前 3 位分别为 Vestas、SGRE 和 Enercon。Vestas 成功以超过 3.7GW 新增并网容量成为此区域市场的第 1 位。SGRE 受到欧洲陆上风电市场下滑的影响，新增容量减少，在南非无新增容量。Senvion 是自 2011 年来，首次在欧洲、中东与非洲区域新增容量低于 1GW，甚至在德国市场创造 2009 年来历年新低为 151MW。

得益于中国在亚太区域市场的巨大份额，2018 年亚太区域市场前 3 位分别为金风科技、远景能源和明阳智能。Vestas 与 SGRE 是区域前 10 位内仅有的两家非中国整机企业，主要新增装机来自中国与印度市场。Vestas 依赖于其 3MW 平台在澳大利亚以及 2MW 平台在印度市场的影响力，在亚太地区（除中国）位列第一。Suzlon 受印度市场并网容量下滑的影响，市场份额减少，但其 2MW 风机平台受中标项目开发商热捧，稳固其印度市场份额第一位。

全球各主要地区风机供应商市场占有情况如图 2-6 所示。

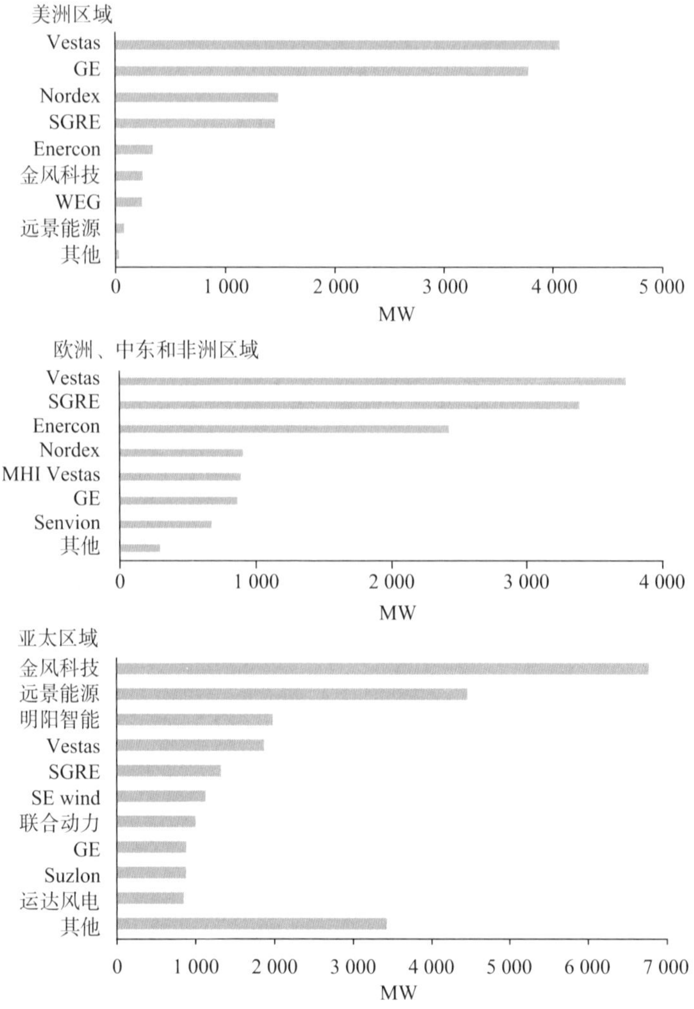

图 2-6　全球各主要地区风机供应商市场占有情况

资料来源：伍德麦肯兹，2018 年全球风机整机企业市场份额。

（4）海上风电业主

海上风电容量的集中度较高。截至 2018 年年底，全球累计海上风电在役总容量为 22.3GW。从地理位置上看，英国、德国与中国三个市场在役容量总和占全球 81% 的市场份额；从业主数量来看，全球前 5 大业主拥有 36% 的在役容量。与此同时，海上风电市场发展迅猛，2018 年新增容量占当年年底累计在役总容量的 19%，而预计 2019 年新增容量将较 2018 年数据增加 35%。海上风电继续吸引新的投资者，目前亚太地区不断有新的投资者涌入市场，资产所有权的集中度一定程度上将降低。

截至 2018 年年底数据统计，丹麦海上风电开发巨头 ϕrsted 凭借 3GW 在役海上风电资产荣膺全球最大海上风电业主地位。6 家中国风电企业跻身全球前 25 大海上风电业主排名，其中，国家能源集团、国电投和三峡集团分列全球排名的第 4 位、第 7 位和第 9 位，华能、中广核和国家电网分列第 18 位、第 22 位、第 23 位。中国作为第二大海上风电资产大国，90% 的在役容量为国有企业持有。中国目前共有 84GW 海上风电资产（含在役及储备容量），其中 5 家国有企业的持有比重达到 65%，集中度为全球最高水平（图 2-7）。

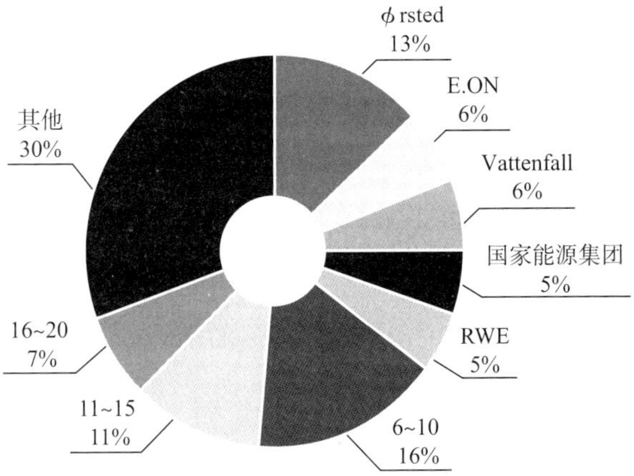

图 2-7　2018 年全球海上风电业主累计容量占比及排名

资料来源：伍德麦肯兹，2018 年全球风机整机企业市场份额。

2.2.2　全球风电制造商情况

维斯塔斯（VESTAS）　VESTAS 是历史最为悠久的风机制造企业之一，1979 年就安装了全球第一台现代化的新型风机，在全球前十大供应商中一直位列前 3 位。2018 年，维斯塔斯在超过 12 个国家供应了超过 30 万 kW 的风机，累计供应了超过 900 万 kW 风机，占全球市场份额的 14.9%，累计市场在全球累计市场中也遥遥领先。

金风科技　金风科技公司连续第 8 年成为中国风电市场榜首，2018 年，占全球风机市场份额的 14.2%。受中国新增市场回暖和其海外市场扩展的影响，2018 年，金风科技公司成为 2018 年全球第二大陆上风电整机制造商，排名较 2017 年提升一位，全球累计市场供应量 671 万 kW。金风科技是中国最大的风机供应商，2018 年，在中国本土市场中占比 31.7%[①]，继续保持中国市场第 1 的位置。

① 数据来自中国可再生能源学会风能专委会《中国风电产业地图 2018》。

西门子－歌美飒（SGRE） 2016 年全球两大知名风机企业宣布合并。SGRE 在全球布局十分均衡，业务覆盖全球所有重要地区市场，生产基地遍布所有大洲，在北美和北欧拥有坚实的基础，在印度、拉美和南欧等新兴市场也表现优秀。2018 年，受欧洲和印度风电市场严重缩水的影响，SGRE 从全球第 1 位的风机制造商下降至第 3 位，全球市场份额 12.4%。

GE 作为美国电力行业巨头通用电气旗下的清洁能源部门，GE 于 2002 年开始进军风电业务。2018 年 GE 新增供应规模 496 万 kW，占全球市场份额 11.2%，同比上升 2.8 个百分点，但排名保持全球第 4 位。

远景能源 远景能源创建于 2007 年，在丹麦设有全球创新中心，在上海设有中国研发运营中心，产业基地位于中国江苏江阴。2018 年，得益于良好的国内市场表现，远景能源新增风机供应量 418 万 kW，保持中国第二大风机供应商的位置，占中国市场份额的 19.8%；占全球新增市场份额 9.2%，排名由 2017 年的第 6 位上升至第 5 位。

Enercon Enercon 是德国最大的风机制造企业，公司创办于 1984 年，一直专注陆上风电，是德国最大的陆上风电巨头。2018 年，Enercon 新增风机供应量约为 269 万 kW，占全球市场份额的 5.7%，排名由第 5 位下降至第 6 位。

Nordex Group Nordex 公司于 1985 年在丹麦成立，2000 年公司将总部迁至德国汉堡，在多个国家设有分支机构；2016 年，收购了西班牙风机供应商 Acciona，新增和累计风电市场份额都有提高。2018 年，Nordex 全球供应量约为 241 万 kW，占全球新增市场份额 5.1%，排名继续保持全球第 7 位。

明阳智能 明阳智能是中国一个民营企业，成立于 2006 年。2018 年，共安装了 189 万 kW[①] 的风机，占全球市场份额的 4%，全球排名由第 10 位上升至第 8 位，在中国风电整机设备供应商中由第 4 位上升至第 3 位，占中国新增市场份额的 12.4%。

上海电气 上海电气是中国一家大型综合性装备制造集团，主导产业聚焦能源装备、工业装备、集成服务三大领域，在风电领域尤其是海上风电有很强的技术储备和经验。2018 年，上海电气新增装机约 110 万 kW，占全球市场份额的 2.3%，进入全球十大整机商名单，排名第 9 位。

国电联合动力 国电联合动力隶属于中国国电集团，成立于 2007 年。2018 年

① 根据中国可再生能源学会风能专委会《中国风电产业地图 2018》，明阳智能 2018 年新增装机 262 万 kW。

国电联合动力风机供应量约 95 万 kW[①]，风机供应量占全球市场份额的 2%，位居全球第 10 位，较 2017 年下降两个名次。

3 太阳能光伏发电

3.1 太阳能光伏发电市场发展形势

2018 年全球光伏发电市场总体保持稳中求进，当年全球新增光伏安装量达到 1 亿 kW，累计安装量超过 5 亿 kW，全球市场应用规模继 2017 年突破 4 亿 kW 后再次登上一个新的台阶。亚洲尽管受到中国和日本市场下滑影响，市场增长趋缓，但在全球光伏市场仍然保持绝对领先，在全球市场占比超过 2/3，其中中国连续 3 年成为对全球市场规模增长贡献最大的国家，2018 年占到全球新增市场的 45%。欧洲市场在经过多年低迷后，市场规模实现明显反弹。其他新兴市场（如拉丁美洲、非洲、大洋洲等）也实现快速的增长，在经济性提升的带动下光伏在全球区域范围内实现部署加快，在全球的电力结构中发挥着越来越重要的作用（图 3–1）。

3.1.1 全球光伏发电市场保持稳中求进

2018 年，全球新增光伏装机容量首次达到 1 亿 kW，相比 2017 年仅略有增长，基本持平，增长放缓主要原因是由于最大的中国市场新增装机容量出现了下滑，由 2017 年的 5 300 万 kW 降低到 2018 年的 4 500 万 kW，新兴市场和欧洲新增装机容量则由于光伏发电单位投资价格持续下降而实现增长，这在一定程度上弥补了中国市场下滑的影响。当年新增装机容量超过 100 万 kW 的国家有 11 个，装机容量高于 2017 年的国家有 9 个，高于 2016 年的国家有 7 个，其中装机容量最大的前 5 个国家是中国、印度、美国、日本和澳大利亚，如表 3–1 所示，这 5 个国家新增装机容量占全球的 3/4（低于 2017 年，约 84%），新增装机容量排名前 10 位的国家当年新增规模占到全球的 87%，集中度有所下降。

① 根据中国可再生能源学会风能专委会《中国风电产业地图 2018》，联合动力 2018 年新增装机 124 万 kW。

图 3-1　2018 年全球太阳能光伏累计装机容量

资料来源：IEA-PVPS, Snapshot of Global PV Markets, 2018。

表 3-1　全球 2018 年新增光伏市场前 10 位的国家　　单位：GW

国家	2018 年排名	排名变动	新增装机容量（2018 年）	新增装机容量（2017 年）
中国	1	—	45	53
印度	2	↑ 1	10.8	9.1
美国	3	↓ 1	10.6	10.6
日本	4	—	6.5	7
澳大利亚	5	↑ 2	3.8	1.25
德国	6	—	3	1.8
墨西哥	7	↑ 12	2.7	0.15
韩国	8	—	2	1.2
土耳其	9	↓ 4	1.6	2.6
荷兰	10	↑ 1	1.4	0.9

资料来源：REN21,《全球可再生能源现状报告 2019》，2019 年 6 月。

截至 2018 年年底，全球累计装机容量达到 5.05 亿 kW，同比上年增长 25%，与 10 年前 1 500 万 kW 的累计装机容量相比增加了 32.6 倍。到 2018 年年底，至少有 32 个国家累计装机容量超过 100 万 kW，2017 年装机容量超过 100 万 kW 的国家为 29，累计装机容量最大的前 5 个国家是中国、美国、日本、德国和印度，印度从 2017 年的第 6 位上升为第 5 位，其他国家均保持不变（表 3-2）。

表 3-2 全球 2018 年累计光伏市场前 10 位的国家 单位：GW

国家	2018 年排名	排名变动	累计装机容量（2018 年）	累计装机容量（2017 年）
中国	1	—	176.1	131.1
美国	2	—	62.4	51.8
日本	3	—	56	49.5
德国	4	—	45.3	42.3
印度	5	↑ 1	32.9	22.1
意大利	6	↓ 1	20.1	19.7
英国	7	—	13	12.7
澳大利亚	8	↑ 1	11.1	7.2
法国	9	↓ 1	9	8.1
韩国	10	—	7.9	5.6

资料来源：REN21，《全球可再生能源现状报告 2019》，2019 年 6 月。

2018 年全球光伏年发电量约 6 400 亿 kW · h，约占全球当年全部发电量的 2.4%，同比 2017 年提高了 0.3 个百分点，光伏发电在电力供应中的替代作用逐渐加大。在局部区域光伏发电发挥的作用更加明显，洪都拉斯的光伏发电在总发电量占比全球最高，为 12.1%，同比 2017 年提高了 1.8 个百分点；占比较高的还有意大利（近 8.2%，同比降低 0.5 个百分点），希腊（8.2%，同比提高 0.6 个百分点），德国（7.7%，同比提高 0.7 个百分点），日本（6.5%，同比提高 0.8 个百分点）。[①] 2018 年光伏年发电量最大的中国，为 1 775 亿 kW · h。

3.1.2 亚洲市场规模增长放缓，但仍然保持全球绝对领先

尽管亚洲地区的中国和日本这两个主要国家新增装机容量均出现下滑，但亚洲仍然连续第 6 年超过其他地区，仅中国 2018 年新增装机容量就占全球约 45%[②]，2018 年，亚洲市场规模超过全球新增市场容量的 2/3。2018 年全球新增装机容量前 5 位的国家中有中国、印度和日本约位于亚洲地区，分别排名第 1 位、第 2 位和第 4 位。

2018 年中国新增光伏装机容量由于受到“531”政策等的影响，较 2018 年同期下降了约 15%，为 4 500 万 kW，是自 2014 年以来首次下降，尽管如此，也仅次于

① REN21，《全球可再生能源现状报告 2019》，《全球可再生能源现状报告 2018》。

② IEA PVPS, 2019 Snapshot of Global PV Markets.

2017 年，并且超过了排名第 2 位的美国市场的 3 倍；累计装机容量达到 1.75 亿 kW，无论是新增装机容量还是累积的装机容量中国都远超世界其他国家；2018 年光伏发电量达到 1 775 亿 kW · h，占全部发电量的 2.6%，同比 2017 年提高 0.7 个百分点，同时弃光现象也得到了持续好转，弃光率从 2017 年的 6% 降低到 2018 年的 3%。印度市场保持了较快的增长，2018 年的新增装机容量从 2017 年排名第 3 位上升到第 2 位，为 1 060 万 kW，同比 2018 年增长 19%，连续第二年成为印度最大的新增电源，并且首次占据了 2018 年全部新增容量的 50%；但 2018 年的增速与 2017 年的增速（超过 100%）相比大幅放缓，主要原因是受到土地、输电限制以及税收政策的影响。日本市场连续第 3 年萎缩，2018 年增加容量 650 万 kW，同比下降约 7%，主要原因是由于太阳能发电价格仍较为高昂（全球最高之一）、土地短缺、电网限制以及劳动力成本等的原因，其在 2017 年年底和 2018 年举行前三次招标由于报价较高导致政府 100 万 ~150 万 kW 的目标只分配了 50 万 kW；累计装机容量为 5 600 万 kW，仍位居全球第 3 位。韩国市场受到可再生能源配额制政策（RPS）的推动，新增装机容量超过 200 万 kW，到 2018 年年底累计达到 790 万 kW。土耳其由于政策支持面临不确定性、征地、融资以及开发商等待成本下降导致延误等原因，2018 年新增装机容量 160 万 kW，同比 2017 年大幅下降了 37%；累计装机容量 510 万 kW，已经超过了 2023 年的国家目标。中国台北在 FIT 和 2025 年 2 000 万目标刺激下新增装机容量近 100 万 kW。巴基斯坦和马来西亚则分别新增 50 万 kW 和 40 万 kW。另外，亚洲的孟加拉国和哈萨克斯坦等几个国家举行了第一次太阳能电站拍卖。

3.1.3　欧美传统市场逐渐摆脱低迷，欧洲市场规模明显反弹

在光伏发电成本竞争力大幅上升以及部分新兴市场兴起的带动下，欧洲 2018 年实现新增装机容量 970 万 kW，同比大幅增加近 60%，其中欧盟国家共并网 830 万 kW，比 2017 年增加了 36%，累计装机容量达到 1.15 亿 kW，仍是全球第二大区域。相比 2017 年，28 个欧盟国家中有 22 个国家实现装机容量增长，主要驱动因素包括许多成员国尚未满足的 2020 年目标，全球组件成本大幅下降，2018 年 9 月开始对中国光伏组件取消关税以及欧盟碳排放价格上涨提高了光伏发电的竞争力。欧洲光伏发电的市场规模在经过连续几年下滑后开始反弹，随着光伏发电成本的大幅下降，光伏的发展已经逐渐由补贴政策推动逐渐向市场驱动转变。

欧洲的光伏市场主要集中在欧盟的德国、荷兰和法国。德国 2017 年夺回了欧洲新增光伏安装量第一的位置，2018 年新增光伏装机容量 300 万 kW，同比 2017 年增

长超过 70%，累积安装容量达到 4 530 万 kW，仍位居欧洲第 1 位，全球第 4 位。荷兰自 2014 年以来一直保持稳定的市场增长，2018 年受商业部门项目装机大幅增加 90% 的驱动，2018 年新增装机容量创纪录的达到 140 万 kW，同比增长超过 80%，累计装机容量 430 万 kW。法国新增装机容量 90 万 kW，在欧洲排名第 3 位，与 2017 年相比有所减少；紧随法国之后的是意大利、比利时、匈牙利和西班牙，2018 年均新增装机容量约 40 万 kW。英国虽然在 2017 年排名欧洲第 2 位，但由于取消了政策支持，2018 年市场继续下滑至 30 万 kW 以下。光伏成本竞争力同样刺激白俄罗斯、俄罗斯和乌克兰等国光伏发电的投资，乌克兰 2018 年新增装机几乎翻一番达到 70 万 kW。

美国光伏市场总体保持稳定，在 2017 年新增装机容量明显下滑后，2018 年新增 1 060 万 kW，与 2017 年持平，在全球排名下滑一位位列第 3，累计装机容量 6 240 万 kW，排名全球第 2 位。尽管在美国以外全球光伏设备价格下降明显，但是被美国进口关税政策所抵消，因此美国非住宅和公用事业领域的新增光伏装机容量有所下降，美国市场主要受住宅装机市场的驱动，加利福尼亚再次领先美国所有州，新增装机容量 340 万 kW，成为美国第一个在大多数新住宅上安装光伏发电装置的州，光伏和储能结合的模式在美国也越来越受欢迎，甚至一定程度替代了部分天然气发电项目。

3.1.4 全球光伏新兴市场规模取得实质性增长，市场范围持续扩大

由于太阳能资源丰富，拉丁美洲和加勒比地区的一些国家在政策支持和成本下降驱动下光伏市场快速扩张。2018 年该地区装机容量增幅最大的是墨西哥，在几个非常大的竞价项目并网以及净计量机制下分布式项目大幅增加的带动下，墨西哥新增装机容量从 2017 年的约 20 万 kW 大幅增加到 2018 年的 270 万 kW，排名也随之大幅上升并首次跻身全球前 10 位列第 7，累计装机容量达到 340 万 kW。巴西 2018 年新增装机容量超过 110 万 kW，累计装机容量相比 2017 年翻了一番为 230 万 kW。智利新增装机容量近 50 万 kW，大部分来自于大型项目，累计装机容量为 260 万 kW。

中东和非洲在 2018 年取得实质性进展，预计新增装机容量超过 260 万 kW，累计装机容量超过 670 万 kW。在中东，大部分新增装机容量来自阿联酋（约 60 万 kW），以色列和约旦（均增加约 40 万 kW）。虽然该地区油气资源丰富，但是该地区的许多国家已经开始用价格大幅下降的太阳能来取代化石燃料，或为其石油和天然气开采行业供电，在 2018 年和 2019 年年初，包括约旦、科威特、阿曼和阿联酋在内的许多国家举行了大型光伏项目的投标；中东和北非包括埃及、摩洛哥、阿曼、沙特阿拉

伯和突尼斯等国家 推出屋顶太阳能光伏计划。在非洲，新增装机容量主要集中在摩洛哥，埃及和南非，其中摩洛哥新增装机容量接近60万kW，埃及装机容量至少为50万kW，南非装机容量约6万kW；累计装机容量则是南非最高（180万kW），埃及次之（70万kW）。

在大洋洲，澳大利亚新增装机容量相比2017年大幅增长约两倍，超过380万kW，位居全球第5，几乎每个州都打破了2018年的新增装机纪录，同时在2018年年底仍有超过300万kW容量的项目正在建设中；累计装机容量为1 110万kW。澳大利亚新增装机容量主要来自大型电站项目，新增装机容量240万kW，远超过2017年的10万kW；住宅和商业屋顶光伏仍保持了较快发展，新增装机容量近160万kW，累计装机容量达到800万kW。

3.2 太阳能光伏发电制造产业发展形势

光伏制造产业受2018年中国光伏市场大幅下滑导致全球市场增速放缓的影响，光伏产品价格到2018年年底相比年初时大幅下降，导致全球光伏发电度电成本明显下降，通过招标等方式确定的光伏项目电价在各地区不断创下新低，有效提升了光伏发电的市场竞争力。光伏产品价格的大幅下降，也导致行业竞争加剧，加速了低端产能出清，行业持续推进兼并重组，优秀公司领先地位进一步加强，行业集中度得到进一步提升。

3.2.1 光伏电池产业规模持续扩大，并进一步向亚洲转移

尽管2018年光伏产业受到中国政策调整影响，但在全球其他区域市场需求的带动下，光伏产业链各环节的产能和生产规模仍然继续扩大。其中2018年多晶硅产能为62.8万t，同比增加22%，产量44.6万t，同比微增1%；硅片全球有效产能为161GW，同比增加32%，产量115GW，同比增加9%；电池片全球有效产能为174GW，同比增加41%，产量114GW，同比增加9%；组件全球产能为190GW，同比增加29%，产量116GW，同比增加10%。

在制造业布局上，全球的产能进一步集中在亚洲地区，尤其是中国，中国的光伏制造业已经连续10年位居全球的首位。多晶硅中亚洲地区产量占全球的79%，其中，中国占全球的58%，相比2017年提升3个百分点；其余主要位于韩国（19%）和日本（2%）。亚洲区域外德国（12%）和美国（8%）瓜分了剩下的市场。硅片中，

亚洲地区产能占全球的 99%，其中中国占全球的 91%，且 2018 年的新增产能基本全部来自中国；电池片中，亚洲地区产能和产量均占全球的 99%，同比提高约 1 个百分点，其中中国产能和产量分别占全球的 74% 和 75%；组件中，亚洲地区产量占全球的 96%，同比提高近 2 个百分点，其中中国占全球的 73%，其余主要为东南亚（占 13%）、韩国（5%）、印度（3%）和日本（1%）。

2018 年，全球排名前 10 位的组件企业总出货量达到 61.5GW，同比增长 9%，其中除了韩国的韩华集团以外均为中国企业。前 5 位排名变化较小，中国晶科公司延续了强劲的增长势头，蝉联榜首，出货量增长 16%，晶澳上升一位次之，天合由于出货量下降了 23% 排名下降 1 位居第 3。在排名前 10 位中，韩华、隆基、尚德和正泰的出货量增幅明显，分别达到 29%、48%、43% 和 51%，其中尚德和正泰出货量排名均上升 3 位分别位居第 8 位和第 10 位（表 3–3）。

表 3–3　2017 年、2018 年全球太阳能组件出货量前 10 位的企业　　单位：MW

2018 年排名	排名变化	国家	厂商	2018 年	2017 年
1	—	中国	晶科	11 400	9 807
2	↑ 1	中国	晶澳	8 000	7 271
3	↓ 1	中国	常州天合	7 134	9 211
4	↑ 1	韩国	韩华	6 989	5 438
5	↓ 1	中国	阿特斯	6 615	6 828
6	↑ 1	中国	隆基	6 581	4 450
7	↓ 1	中国	协鑫集成	4 560	4 840
8	↑ 3	中国	尚德	3 730	2 600
9	↑ 1	中国	东方日升	3 350	2 806
10	↑ 3	中国	正泰	3 094	2 043

资料来源：CPIA 2019。

3.2.2　行业集中度进一步提升，行业重组持续

2018 年，由于中国受“531”政策影响，下半年市场萎缩，导致光伏产品价格大幅下降，专注于中国市场的二三线企业下半年的开工下滑明显，经营状况明显变差；对于全球布局的一线企业则由于海外市场因光伏产品下降带动需求出现较大的增长，市场情况并未受到影响。一线企业产量占比提升，全球前 5 家组件企业总产量占比 31.3%，同比提高 1.7 个百分点。

随着市场增长放缓，光伏成本的快速下降，企业之间的竞争越发激烈。在中国

光伏制造业成本优势的挤压下，Suniva、SunEdison、Solarworld 等海外知名光伏制造企业已经从 2017 年开始逐步退出光伏市场，SunPower 也面临着“可能在未来 12 个月内破产的风险”。中国光伏企业则由于国内市场收紧，以及美国 201 条款绝育，印度反倾销措施等影响，以国内市场或者美国、印度出口为主的企业经营面临困境，部分企业如海润光伏面临破产清算，光伏行业门槛提升，市场将进一步洗牌。

3.2.3 光伏发电成本大幅下降

全球光伏行业的成本在 2018 年仍然保持持续下降，但与 2017 年价格下降较为平缓不同，受 2018 年中国光伏市场大幅下滑导致全球市场增速放缓影响，光伏产品价格在 2018 年 6 月开始大幅下降，到 2018 年年底时产业链各环节产品的价格均比年初价格降低约 40%。由于市场逐渐青睐高效的单晶硅组件，多晶硅组件价格降幅更加明显。除了组件外，逆变器等部件的价格也大幅下降，比如组串式逆变器价格从 2017 年的约 0.29 元 /W 降低到 2018 年的 0.23 元 /W。表 3-4 为 2006—2018 年太阳能光伏产品价格汇总。

表 3-4 2006—2018 年太阳能光伏产品价格汇总

年份	多晶硅 /（美元 /kg）	硅片 /（美元 /W）	电池片 /（美元 /W）	电池组件 /（美元 /W）
2006	200	3.5	3.8	4
2007	300	3	3.5	3.8
2008	400	2.5	3.0	3.5
2009	150	0.9	1.4	2.0
2010	90	0.8	1.3	1.5
2011	30	0.5	0.75	1
2012	23	0.4	0.6	0.8
2013	20	0.3	0.5	0.7
2014	18	0.29	0.45	0.6
2015	16	0.20	0.35	0.55
2016	12	0.15	0.22	0.47
2017	16	0.12	0.2	0.39
2018	10	0.07	0.14	0.24

资料来源：Renewables 2013 Global Status Report；Global Market outlook for photovolatics utill 2015；Polysilicon and Wafer Supply Chain Quarterly；Renewable Power Generation Costs in 2014（IRENA）；PV Insight；RENEWABLES 2016 GLOBAL STATUS REPORT。Renewable power Generation Costs in 2018。

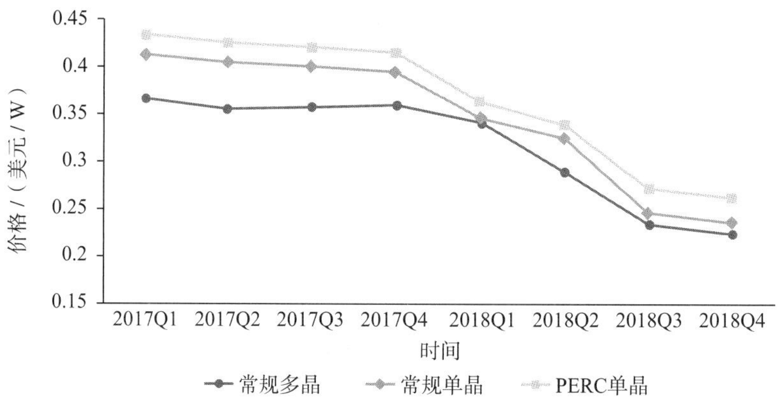

图 3–2　2017 年以来光伏组件价格变化情况

资料来源：PV InfoLink，CPIA。

随着光伏系统设备成本的大幅下降，2018 年单位千瓦光伏投资成本也大幅下降，全球光伏发电单位千瓦加权平均投资成本 2018 年降低至 1 210 美元 /kW，同比 2017 年下降 13%，相比 2010 年则降低了 70%。主要国家[①]中，中国、印度和意大利投资成本相对较低，2018 年单位千瓦投资分别为 879 美元 /kW、793 美元 /kW 和 870 美元 /kW，同比 2017 年下降了 27%、23% 和 9%，美国和澳大利亚虽然 2018 年单位投资成本同比 2017 年分别下降了 16% 和 20%，但还保持在约 1 500 美元 /kW 的较高水平，日本 2018 年的投资价格在主要国家中仍然最高，约 2 100 美元 /kW，相比 2017 年只下降了 3%。

在单位千瓦光伏投资下降以及技术提升的带动下，全球光伏发电每千瓦时成本（LCOE）随之下降，2018 年全球大型光伏电站加权平均的 LCOE 降低至 0.085 美元 /（kW · h），同比 2017 年降低了 13%，相比 2010 年则降低了 77%。主要国家中，中国大型电站 2018 年的平均 LCOE 为 0.067 美元 /（kW · h），同比下降 20%；印度 2018 年同比下降 21% 为 0.063 美元 /（kW · h），美国同比下降 18% 为 0.082 美元 /（kW · h）；日本 2018 年光伏 LCOE 仍高达 0.153 美元 /（kW · h），同比 2017 年只下降了 1%。同时，2018 年通过招标等方式确定的光伏项目电价在各地区不断创下新低，包括数个价格在 0.02 美元 /（kW · h）范围的大型项目。比如巴西、印度和埃及等国家，竞标价格为 0.03 美元 /（kW · h）以下。沙特阿拉伯 300MW 的 Sakaka 光伏项目中标电价为 0.023 4 美元 /（kW · h）。德国 2018 年大型项目拍卖，太阳能光伏

① 主要国家指太阳能光伏产品主要生产国及主要应用国。

在联合拍卖中击败风能，竞标价低于 0.046 美元 /（kW · h）；中国在 2018 年的第三批领跑者基地竞标价再创新低，最低电价低至约 0.045 美元 /（kW · h）；美国也出现以创纪录的低价格签订的太阳能发电长期购电协议（最低为 0.024 美元 /（kW · h））。

3.3　太阳能光伏发电技术发展趋势

3.3.1　晶硅电池技术创新速度加快，单晶硅占比持续提升

光伏电池技术创新能力加速提升。在市场激烈竞争推动下，主要企业加大了研发和技改力度，规模生产的单晶硅、多晶硅电池基本采用高效技术，其中多晶硅电池全面应用黑硅技术，单晶硅则大规模推广 PERC 技术。2018 年年底大规模生产的多晶黑硅电池的平均转换效率达到 19.2%，使用 PERC 技术规模化生产的单晶硅和多晶硅电池平均转换效率分别提升至 21.8% 和 20.3%，同比 2017 年均约提高 0.5 个百分点，而 2010 年规模化生产的单晶硅和多晶硅电池的效率只有 17.5% 和 16.5%。此外 N 型 PERT 单晶硅电池平均转换效率已经达到 21.5%，效率达到 22.5% 的异质结（HJT）电池已经进入量产阶段，背接触 N 型单晶硅电池平均转换效率达到 23.4%，并且将会成为未来发展的主要方向之一。在电池片效率提升和组件技术的带动下，电池组件效率也逐年提升，导入 PERC 技术后规模化生产的 P 型单晶硅和多晶硅组件效率提升至 18.6% 和 18.0%；而通过不断导入和优化 PERC、半片、叠瓦、多主珊等技术后，P 型晶硅组件实验室效率则已经突破 20%，中国一线组件企业 PERC 电池组件实验室效率最高已经超过 20.8%，随着技术的不断成熟，高效组件将不断从实验室走到量产线。

受晶体硅电池组件价格大幅下降竞争力提升影响，晶体硅太阳能电池进一步扩大了市场竞争优势，约占据全部光伏发电市场的 97%。其中在转换效率上明显占优的单晶硅电池组件竞争优势明显提升，2018 年，单晶硅组件总出货量占比达到 48.5%，同比 2017 年提升了 17.4 个百分点，而且从单晶硅、多晶硅企业产能扩张趋势看，单晶硅占比仍将进一步提高，2019 年单晶硅组件占比将突破 50%。

3.3.2　薄膜电池技术稳步发展，但市场占有率仍进一步萎缩

除了晶体硅电池组件外，以铜铟镓硒（CIGS）和碲化镉为代表的薄膜电池效率也得到了提升，铜铟镓硒（CIGS）实验室效率达到 23.35%，同比 2017 年提高了 0.4 个百分点，量产效率则保持在 16.5%；碲化镉电池的实验室最高效率仍保持在 2017 年的 22.1%，但是量产效率则提高了 1.1 个百分点，达到 18.1%。与当前主流的单晶硅

PERC 技术相比，这两种薄膜技术在效率上具有一定的竞争力和发展潜力。不过受到晶体硅太阳能电池成本的大幅下降的影响，在经历了 2017 年产量大幅下降后，2018 年薄膜电池组件产量和占比仍有所下降，2018 年的产量 3.67GW，占全部市场份额的 3.2%，同比下降 0.3 个百分点，与 2010 年 13.7% 的市场份额相比更是下降了超过 10 个百分点。不过碲化镉薄膜电池的代表企业电池美国 First Solar，通过推出成本低至 0.2 美元 /W 的 First Solar 6 系列产品，2018 年的产量止跌回升，为 2.7GW，同比提高了 18%；而 CIGS 的代表企业汉能则在不断推广“汉瓦、汉墙”等颠覆创新的应用产品和解决方案，Solar Frontier 也同样转向小规模市场，进军太阳能瓦业务。

钙钛矿薄膜电池技术是近几年发展最快的光伏技术。钙钛矿单结太阳能电池的实验室转化效率从最初 2009 年的 3.8% 提高到了 2018 年年底的 23.7%，大面积钙钛矿光伏组件的效率和稳定性也不断提高，中国杭州纤纳光电 2018 年组件认证效率已经从 2017 年年初的 15.2% 刷新到 17.4%。欧洲的 Solliance 在 144cm^2 玻璃基本上实现了 13.8% 的稳定转换效率。在单结晶硅电池之外，钙钛矿电池与晶硅和 CIGS 薄膜技术结合成为研究热点，英国牛津 PV 通过钙钛矿 /HJT 叠层结构实现创纪录的 28%（面积为 1cm^2）转换效率，超过了单结晶硅太阳能电池的效率记录（26.7%）。目前钙钛矿电池的产业化仍面临寿命、组件可靠性以及大面积制备工艺等方面的挑战。

3.3.3 光伏系统技术进一步提升，推动光伏竞争力加强

除了太阳能光伏电池技术外，光伏系统技术显得越来越重要，系统平衡部件、系统设计优化、系统应用等技术在 2018 年持续进步。逆变器作为光伏系统的“中枢”，除了基础的逆变功能外，是光伏电站实现智能、高效运维的关键，它通过利用高精度数据采集技术采集电压、电流等电站运行基础数据，传输到管理平台，并通过 AI 技术、大数据自动分析等快速识别运行状态不佳的设备，并控制电站系统的设备作出相应调整。目前，国外的大型电站中已经大量应用智能化 1 500V 系统，中国从 2016 年开始在大型电站中应用 1 500V 系统，随着中国在 2018 年推动平价上网项目，1 500V 智能系统由于能够有效提升光伏电站的发电量，从而降低每千瓦时发电成本，提高光伏电站的竞争力，1 500V 系统及产品在中国市场中的占比大幅提高。逆变器制造产业继续往亚洲转移，中国的华为和阳光电源与德国的 SMA 公司占据了 2018 年全球逆变器出货量的前 3 位，这三家企业逆变器总出货量占全球份额超过 40%。

由于组件、逆变器等价格大幅下降，光伏支架在系统投资中的占比逐渐提高，光伏支架在系统成本构成中占比为 6%~13%。光伏支架生产逐步从欧美转向亚洲，

目前中国生产的光伏支架占全球的60%以上。随着光伏跟踪系统技术的逐渐成熟和成本的大幅下降，光伏跟踪支架相比光伏固定支架在提高光伏发电量（单轴可提升10%以上、双轴提升15%以上）、降低每千瓦时发电成本方面的优势日益明显，在电站中的应用因此不断增多，2018年光伏跟踪支架出货量大幅增加，全球范围内累计应用已超过20GW，近一半市场份额由欧美企业供应，光伏跟踪支架在中国投入应用时间虽然较短，但在光伏领跑者基地项目的带动下，近年来发展较为迅速。

2018年光伏技术继续扩大与储能以及电动汽车（EV）之间结合的应用。韩华宣布计划进入太阳能屋顶市场，为住宅用户提供太阳能加储能系统。在德国，由于国内太阳能光伏市场萎缩而曾一度陷入困境的Enerix，Sonnen和Solarwatt等公司由于家庭和商业太阳能系统对储能需求不断增长也得到蓬勃发展。荷兰石油巨头壳牌公司着力发展分布式发电与储能系统，于2019年年初收购了德国领先的家用储能电池制造商Sonnen。比亚迪作为中国龙头电池制造企业之一，2018年和Kostal（德国）签署了一项协议，为住宅和商业太阳能光伏系统提供储能解决方案。

4 太阳能热发电

近几年太阳能热发电受成本因素影响在全球范围内市场发展缓慢，但作为一种可稳定出力、承担基础负荷的可再生能源电源已在越来越多的国家得到应用。从技术发展趋势看，近几年带有储能的太阳能热发电成为主流发展方向，几乎所有新建成的太阳能热发电站都带有储能设施，以体现其可以提供稳定电力的优势；从市场布局来看，太阳能热发电市场越来越向非洲、中东、亚洲等新兴市场转移，传统的美国、西班牙市场近几年几乎没有增长。

4.1 太阳能热发电市场发展形势

2018年由于前几年处在建设中的几个太阳能热发电工程的建成投产，新增市场装机容量出现小幅反弹，当年新增装机容量约55万kW，全球累计太阳能热发电装机容量达到550[①]万kW，同比增长约11%。与此同时，全球大约有近200万kW的

① 数据来源：REN21，“RENEWABLE 2019 GLOBAL STATUS REPROT”，2019。

太阳能热发电项目正在规划、建设当中，计划于近两年建成投产。

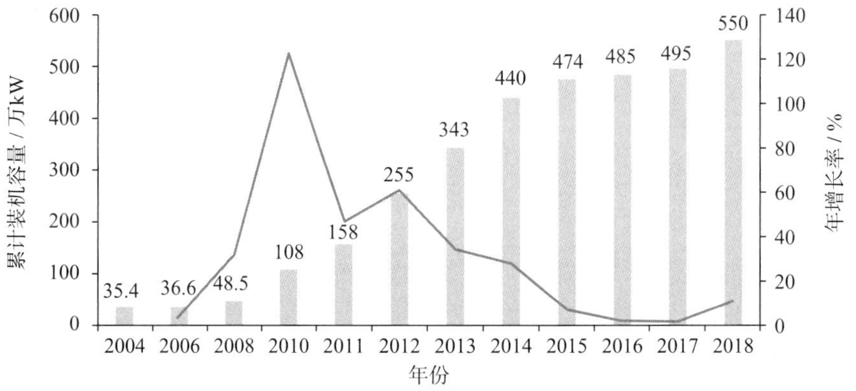

图 4–1　全球太阳能热发电累计装机容量

资料来源：REN21，“Renewables 2017 GLOBAL STATUS REPORT”，2018 NREL, “Concentrating Solar Electric Generating System”；IRENA, “RENEWABLE CAPACITY STATISTICS 2018”。

2018 年，太阳能热发电新增市场主要分布在摩洛哥、南非、中国等新兴市场国家，传统市场西班牙和美国已经连续 3 年没有新的工程建成投产，市场重心已由传统的美洲、欧洲转向非洲、亚洲等区域。

亚洲　中国第一批太阳能热发电示范工程已开始陆续建成投产。2018 年有 3 个发电站建设完成，总装机容量 20 万 kW，其中一个是 5 万 kW 的槽式太阳能热发电站，储热时长 9 小时，另外两个是塔式热发电站总装机 15 万 kW，其中一个装机 10 万 kW，储热时长 11 小时，另一个装机 5 万 kW，储热时长 7 小时。印度是亚洲太阳能热发电发展较好的国家之一，2018 年虽然没有新建成的太阳能热发电站，但有近 4 万 kW 的工程正在建设调试当中，预计 2019 年建成投产。中东地区是亚洲乃至全球太阳能热发电市场比较活跃的地区，2018 年沙特阿拉伯一个 5 万 kW 的集成太阳能联合循环（ISCC）的热发电站建成投产，另外一个 4.3 万 kW 的集成太阳能联合循环（ISCC）热发电站正在建设当中；科威特一个 5 万 kW，储热时长 10 小时的太阳能热发电站正在调试当中，计划 2019 年建成投产；阿联酋一个 70 万 kW 的太阳能热发电产业园也正在建设当中，计划 2020 年建成，整个中东地区正在建设当中的太阳能热发电总装机容量达到 100 万 kW。亚洲已成为全球太阳能热发电市场发展最快的地区。

非洲　摩洛哥 2018 年建设完成 20 万 kW，储热时长 7 小时的槽式太阳能热发电工程，同时一个 15 万 kW，储热时长也是 7 小时的太阳能热发电工程正在建设当中，使得摩洛哥成为非洲太阳能热发电最活跃的市场。南非是 2018 年太阳能热发电新增市场容量较多的国家之一，当年一个装机容量 10 万 kW，储热时长 4.5 小时的槽式太阳能热发电站建成投产，另外还有一个装机 10 万 kW 的槽式太阳能热发电站正在调试当中，计划于 2019 年建成投产。非洲其他国家也在规划建设新的太阳能热发电站，如阿尔及利亚继 2015 年发布了热发电建设规划后，近两年正推动项目的建设；埃及也在推动 5 万 kW 热发电站的建设工作。

南美洲 智利装机容量 11 万 kW，储热时长 17.5 小时的 CERRO 塔式电站仍然在建设当中，计划 2020 年建成投产。

欧洲 法国、丹麦等国家也有太阳能热发电站正在建设，但装机规模都普遍较少，如法国的菲涅耳热发电站正在建设，装机容量仅为 0.9 万 kW。

西班牙和美国太阳能热发电市场虽然起步较早，但近几年受政策以及光伏成本快速下降等因素的影响，市场基本停滞，2018 年这两个国家都没有新的电站建成。但西班牙和美国太阳能热发电累积安装量仍然位居全球第 1 位和第 2 位，大大领先于全球其他国家。

表 4-1 全球主要国家太阳能热发电装机情况 单位：万 kW

国家	2018 年累积安装量	2018 年新增安装量
西班牙	230	0
美国	174.4	0
南非	40	10
摩洛哥	38	20
印度	22.5	0
中国	22	20
阿联酋	10	0
沙特	5	5
阿尔及利亚	2.5	0
埃及	2	0
澳大利亚	1.2	0

资料来源：REN21，“Reneswables 2018 GLOBAL STATUS REPORT”，2019。

总之，从太阳能热发电累计装机容量的市场分布看，传统的太阳能热发电市场西班牙和美国尽管没有新的电站建成，但仍然是全球累计市场容量最大的国家，二者合计仍占全球累积安装量的 74% 左右；从新增市场分布看，亚洲的中国、印度、中东国家以及非洲的摩洛哥、南非国家成为这两年市场容量增长最快的国家。

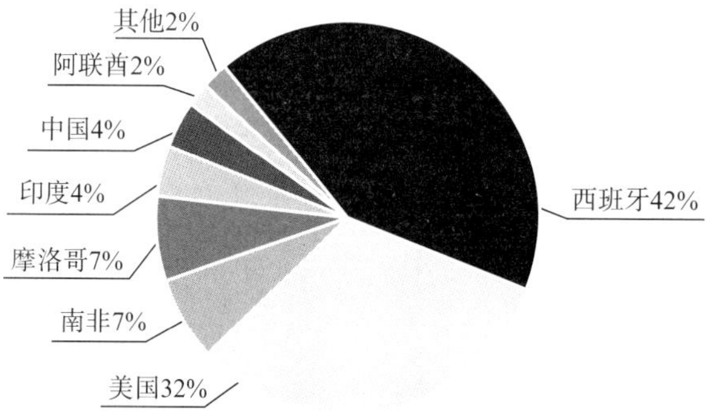

图 4-2　全球太阳能热发电累计装机容量分布

4.2　太阳能热发电产业发展形势

近几年由于太阳能热发电市场一直发展比较缓慢，太阳能热发电产业链上的生产制造企业和系统开发商面临较大的生存压力。一些原先在传统市场热点区域西班牙、美国发展起来的传统热发电企业转向非洲，中东和亚洲等新兴市场，带动了当地热发电产业的发展，一些传统的电力公司开始越来越深度参与到太阳能热发电的开发和建设。

2018 年太阳能热发电产业呈现跨区域、跨行业的多元化合作发展趋势，以适应目前太阳能热发电市场的发展需要。如沙特阿拉伯传统的电力能源公司 ACWA 集团与西班牙传统太阳能热发电工程开发商 Abengoa 公司合作开发太阳能热发电站，已积极参与了南非、摩洛哥和中东等地的热发电项目，目前正在建设和运营的项目近 100 万 kW，成为世界上最大的太阳能热发电开发企业。另外，来自中国的上海电气，西班牙的 Acciona、Sener 和 TSK 公司，美国的 GE、BrightSource 和 Solar Reserve 公司以及以色列和中东国家的一些公司，在热发电市场都比较活跃。这些公司涵盖了热发电产业链上的开发、建设、运营和设备生产等各个环节。

随着太阳能热发电在全球不同区域得到开发，除了西班牙、美国、德国等传统已有的热发电制造产业外，中国、印度和中东的热发电制造产业也开始发展。带动、培育了当地的热发电产业，尤其是中国的热发电制造产业在首批示范项目政策的激

励下得到了快速发展，基本上建立了太阳能热发电的完整产业链，也促进了热发电产业成本的下降。

在太阳能热发电成本方面，一直面临较大的竞争压力。通过 2017 年智利、阿联酋和南非等国家几个项目的竞争性投标，招标价格下降较大。如在阿联酋投标的太阳能热发电价格降到了 7.3 美分 /（kW · h），澳大利亚南澳大利亚州，一座 150MW 的太阳能热发电站（8 小时储热），招标电价为 6.1 美分 /（kW · h），创出太阳能热发电电价的新低。2018 年随着热发电制造产业在亚洲、非洲等区域的发展，尤其是中国太阳能热发电制造产业的发展，使热发电的成本进一步得到下降，设备成本将下降 40% 左右。

4.3　太阳能热发电技术发展趋势

槽式和塔式技术仍然是 2018 年太阳能热发电的主要应用技术，在 2018 年新增的热发电装机容量中 70% 是槽式技术，30% 是塔式热发电技术。从累计安装量看，槽式热发电技术仍然占据主导地位，截至 2018 年年底全球安装量的 80% 以上采用的是槽式技术，塔式技术占比 18% 左右。菲涅耳式技术和碟式技术近两年都没有新的电站建成，规模依旧很少，市场发展缓慢。

为充分发挥太阳能热发电可提供基础负荷电力的技术优势以及受太阳能光伏成本快速下降的竞争压力，太阳能热发电越来越多地采用储能技术。2018 年新增的太阳能热发电站都采用了热能储能技术，在非洲、中东、亚洲等地正规划建设的太阳能热发电站也几乎都采用了热能存储设施，储热时长有加大的趋势，如摩洛哥正在建设的 Noor 二期工程将储热设施由原先的 3 小时提高到了 7 小时，其他地区电站的储热时长也大多超过了 5 小时。另外，随着越来越多的大型太阳能热发电站在缺水区域的应用，如非洲区域，为了保护环境，减少电站用水量，空冷技术得到了越来越广泛的应用。

近几年随着光伏发电成本的快速下降，越来越多的开发商将太阳能光伏发电和热发电技术结合，形成太阳能综合发电基地，充分发挥热发电的技术优势和光伏发电的成本优势，为整个电网提供稳定可靠的太阳能电力。如阿联酋正在建设太阳能公园，便综合应用了 70 万 kW 的太阳能热发电和 100 万 kW 的光伏发电；智利的 Cerro Dominador 太阳能热发电站旁边，也配套建设了 10 万 kW 的光伏电站。澳大利亚开发建设的太阳能热发电站也正在申请配套开发 7 万 kW 的太阳能光伏电站。太阳能热发电与光伏发电技术的结合将成为近几年太阳能电站开发的一个新的发展方向。

在技术研发领域，太阳能热发电站储热技术、高温换热器、高温导热介质等成为各大公司和机构的重点研究领域，以实现更高的工作温度、更高的效率和更低的运行成本。2018 年美国能源部计划提供 7 200 万美元资金支持研究与高温 CO_2 动力循环相结合的高温吸热、传热三类介质（液体，固体和气体），以使高温 CO_2 动力循环替代传统的蒸汽驱动发电，可提高发电效率 10%。与此同时，美国能源部还提供了 1 240 万美元的资金，支持太阳能热发电高温相关部件的研究，包括传热、换热等环节的高温部件。另外，阿联酋支持的研发项目，也聚焦于高温工艺材料的研发，以提高热量传输和能量转换效率，从而提升整个热发电站效率。

近几年储热技术一直是热发电领域研究的重点，尤其是熔融盐储热技术。熔融盐储热工作温度可达 560℃，是传统碳氢化合物和导热油等传热介质无法达到的，且熔融盐成本低、寿命长、换热性能好，可以大范围提高储热能力，增加太阳能热发电站的发电小时数，降低太阳能热发电的发电成本。虽然 2016 年熔融盐储热技术出现一些问题，面临较大挑战，但熔融盐储热技术仍然作为主流的储热技术得到进一步研究和完善。另外，在意大利，美国和阿联酋等国家还有一些专注于新型存储介质点研究，如沙子和混凝土等。

一些公司和研究机构近年来一直专注于成本下降相关技术的研究，如定日镜和反射镜等热发电站部件成本的下降、冷却和镜面清洗用水量降低等。高效和便宜的定日镜驱动器技术也得到了一些国家和公司的支持，如迪拜电力和水务管理局出资 1.36 亿美元的研究经费用于驱动器技术的研究支持等。

5 太阳能热利用

5.1 太阳能热利用市场发展形势

太阳能热利用是一种技术成熟、应用广泛的可再生能源技术，可应用于热水、供暖、制冷和工农业用热等热能供给，在全球范围内得到了普及应用。但近几年由于缺乏政策支持，全球太阳能热利用市场持续下滑。

2018 年，全球太阳能热利用市场仍然面临增长压力，市场规模持续下降，新增太阳能热装机容量为 33.6GW_{th}①，相当于集热面积 4 800 万 m^2，同比下降 4%。同年全球运行的太阳能热利用热装机容量累计达到 4.8 亿 kW_{th}，相当于集热总面积 6.86 亿 m^2。2010—2018 年全球太阳能热利用市场规模及热利用市场发展情况如表 5-1、图 5-1 所示。

表 5-1　2010—2018 年全球太阳能热利用市场规模

年份	2010	2011	2012	2013	2014	2015	2016	2017	2018
集热面积 / 亿 m^2	2.80	3.35	4.03	4.71	5.80	6.20	6.50	6.74	6.86
热装机容量 /GW_{th}	195.8	234.6	282	330	406	435	456	472	480
累积量年增长率 /%		20	20	17	23	7	5	4	2

资料来源：REN21，Renewables 2018 Global Status Report，2019。

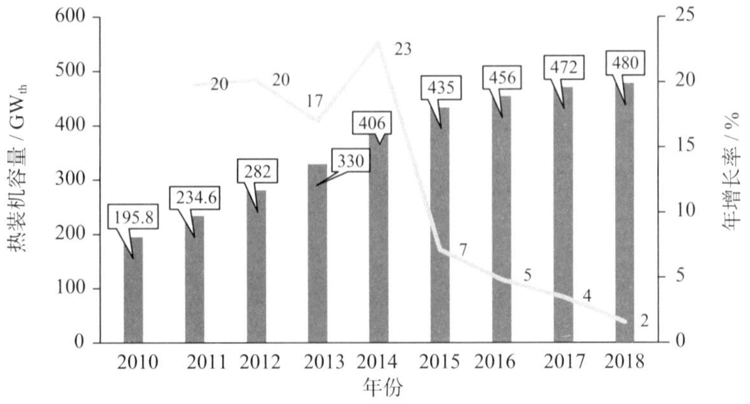

图 5-1　全球太阳能热利用市场发展情况

资料来源：REN21，Renewables 2018 Global Status Report，2019。

2018 年中国仍然是世界上太阳能热利用保有量最多的国家，远高于其他国家，占全球保有量 70% 以上，其次为美国、土耳其、德国等。2018 年全球新增量前 20 位国家的市场规模占到全球总规模的 93.3%，同比上升 0.3 个百分点（表 5-2，图 5-2）。

① 为了方便太阳能热利用与其他可再生能源技术之间的比较，2004 年国际能源署（IEA）与奥地利、美国、澳大利亚等国家及行业内的专家协商确定以热装机容量来表示太阳能热利用安装量，即 1m^2 相当于 0.7kW_{th} 的热装机容量。

表 5-2　全球 2018 年新增量前 20 位国家的市场情况　　单位：MW_{th}

国家	2017 年累积安装量	2018 年新增安装量
中国	334.5	24 801
土耳其	16.3	1 316
印度	7.7	1 247
巴西	10.4	875
美国	17.8	623
澳大利亚	6.4	408
德国	13.7	401
以色列	3.3	291
墨西哥	2.7	284
希腊	3.2	230
波兰	1.6	217
西班牙	2.9	144
意大利	3.2	125
南非	1.4	94
奥地利	3.6	69
丹麦	1.1	50
瑞士	1.2	48
突尼斯	0.7	41
塞浦路斯	2	40
法国	1.9	39

资料来源：REN21，Renewables 2018 Global Status Report，2019。

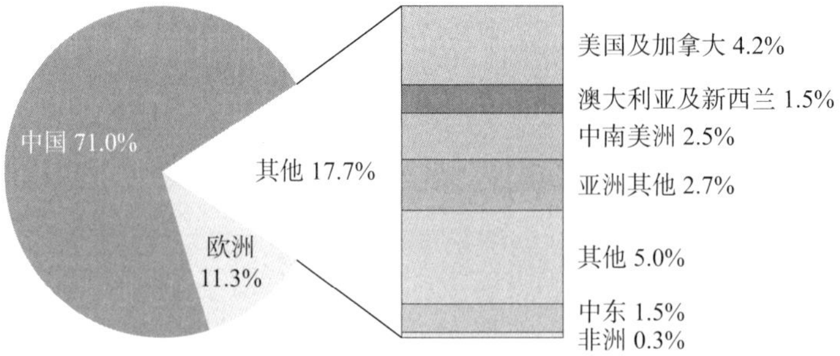

图 5-2　全球太阳能热利用累积安装量分布

资料来源：IEA, Solar Heat Worldwide 2018, 2019。

2018 年太阳能热利用市场主要分布在亚洲的中国和印度，欧洲的土耳其和德国，美洲的美国和拉丁美洲的巴西等国家。2018 年新增市场较大的国家是土耳其、印度、巴西等。太阳能热利用传统国家的市场普遍下滑，中国下降了约 4.9%，比 2017 年下降近 1 个百分点，土耳其下降了 2%，美国下降了 5%，而印度实现了连续增长，2018 年增长约 17%，但增长幅度有所下降，约为 10 个百分点。

传统的欧洲国家太阳能热利用市场也增长乏力，大部分国家市场持续下降，德国和意大利都下降了 8%，奥地利下降 3%，而西班牙和德国 2018 年止住下滑趋势，2018 年都实现了小幅增长 2%。但也有一些国家热利用市场增长明显，如丹麦市场增长 128%，波兰市场增长了 179%。由于全球主要太阳能热利用国家的太阳能热利用市场大多数下降，尤其是占全球市场 3/4 的中国市场 2018 年持续下降，致使全球太阳能热利用市场增量连续下滑。

5.2　太阳能热利用产业发展形势

市场较好国家带动当地产业发展　虽然全球太阳能热利用市场面临较大挑战，企业压力也越来越大，但在有些国家如土耳其、印度等由于其太阳能热利用市场发展较好，带动了国内的生产企业共同发展。正是由于其较好的市场表现，也带动了当地热利用平板集热器制造商成功进入平板集热器全球出货量前列。

生产制造企业积极调整　2018 年太阳能热利用的制造企业继续在全球范围内寻求合作，共同生产产品、开发市场。如瑞典 Absolicon 太阳能公司与中国的合力新能源公司合作，将其太阳能中高温集热器生产线投放到中国；波兰的太阳能热利用系统供应商 Makroterm 公司与摩尔多瓦 Raut 公司合作，在当地共同建立真空管集热器的生产线，为当地市场服务；土耳其的太阳能热利用集热器制造商 Solimpeks 与乌兹别克斯坦的阿特尔集团合作，在当地建立集热器和水箱的生产线，布局中亚市场。

丹麦的 Arcon Sunmark 前几年发展处于低谷，2018 年与中国公司合作开发中国市场后，在太阳能区域供热领域重新获得了领先地位，带动了其在亚洲和欧洲的市场。2018 年完成中国西藏的 15.6MW_{th} 太阳能区域供热工程后，又在丹麦完成了 7 个区域供热系统，并在德国和奥地利建成了总共 41MW_{th} 的两个区域供热工程。

全球热利用制造产业布局调整持续　从太阳能热利用的产业链看，太阳能集热器主要分为平板集热器、真空管集热器、无盖板集热器三类。真空管集热器、无盖板集热器生产布局保持稳定，平板集热器生产布局出现较大变化。

真空管集热器的生产主要在中国、印度和土耳其。作为全球最大的真空管集热器生产国，中国已建成了从原材料加工、集热器生产到热水器生产的完整产业链。世界上最大的真空管生产厂家日出东方、力诺瑞特等都在中国。除中国外，印度和土耳其也是全球真空管集热器的生产制造基地。

在平板集热器的生产制造方面 2017 年由于中国的快速发展较快打破欧洲一家独大的产业布局。2018 年，随着中国市场持续增长，中国平板集热器产品逐渐位居世界平板集热器生产的前列。中国的日出东方太阳能股份有限公司已经位居平板集热器生产的首位。另外，印度、土耳其等国的平板集热器生产也得到了较快发展，平板集热器的生产格局由传统的欧洲开始向亚洲扩展。但欧洲仍然是世界平板集热器产品的主要生产基地，并具有完整的产业链，技术和装备也位于世界前列。全球技术较好的平板集热器生产厂家也多位于欧洲，主要企业包括德国的博世、菲斯曼，奥地利的 GreenOneTec，土耳其的 Ezinc 及比利时的 Soletrol 公司等。但欧洲的平板集热器产业规模正在被亚洲逐渐赶超。

德国是太阳能平板集热器产品生产装备的主要出口国，也是高温真空集热管及集热装置的主要供应国，其生产技术与工艺世界领先。德国肖特、施耐德等公司在包括太阳能热发电在内的中高温热利用领域占据重要的市场份额。平板无盖板集热器主要在北美洲的美国和加拿大等地区生产和应用。

5.3 太阳能热利用技术发展趋势

5.3.1 太阳能热利用的产品技术

太阳能热利用的产品技术主要包括真空管集热技术、平板集热技术和无盖板集热技术及空气集热技术。根据 IEA-SHC 的统计数据，2018 年太阳能热利用产品的累积安装量中，真空管集热器的市场份额仍然最高，占比超过 70%，其次是平板集热器约占 20%、无盖板集热器约占 4%，空气集热器的应用量非常小，仅有 0.2% 的市场份额（图 5-3）。

从 2018 年新增集热器安装面积来看，真空管集热技术仍然占据主流，平板集热技术占据第二位（图 5-4）。

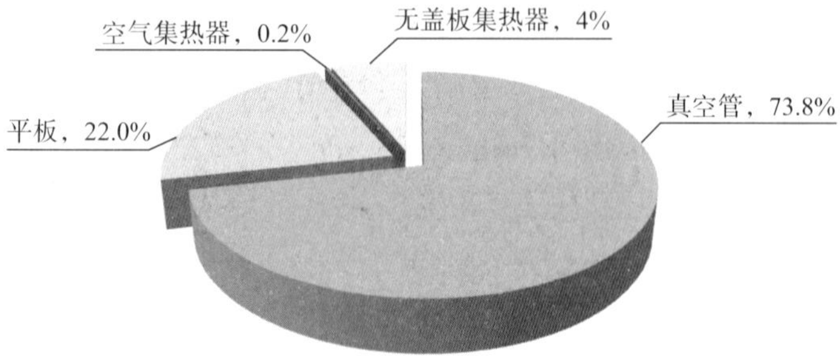

图 5-3　全球太阳能热利用累计安装量中产品类型分布

资料来源：IEA "Solar Heat Worldwide" 2018，2019。

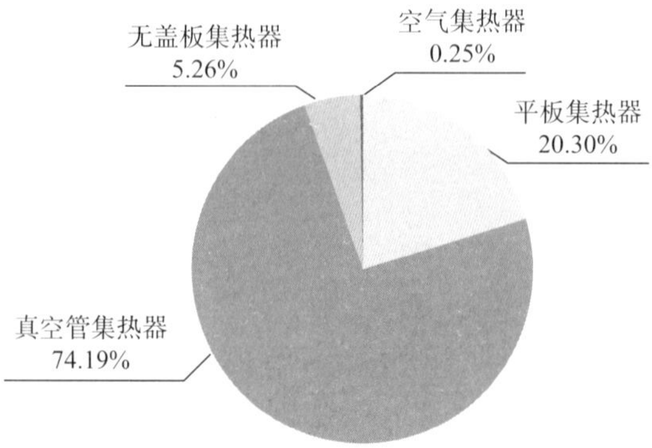

图 5-4　全球太阳能热利用 2018 年新增安装量中产品类型分布

资料来源：IEA "Solar Heat Worldwide" 2018，2019。

纵观全球集热器产品有明显的地区分布特点，中国市场 90% 以上的产品是真空管集热器，欧洲市场 80% 以上的产品是平板集热器，美国和澳大利亚的产品以平板无盖板集热器为主。应用产品的类型与当地的需求有很大的关系，在中国和非洲等发展中国家，太阳能集热器主要用于生活热水的加热，而真空管集热器由于保温效果好，价格相对较低，因此在发展中国家发展较好；在欧洲发达国家，太阳能热利用主要是与其他能源结合成复合承压系统，为建筑提供热水和供暖，而平板集热器由于具有较好的承压特性，因此在欧洲发展较好；美国和澳大利亚地区的太阳能热利用主要用于游泳池水的加热，需要的温度较低，因此成本更低的无盖板集热器发展较快。图 5-5，图 5-6 为 2018 年全球太阳能热利用累积安装及新增安装量中产品结构分布。

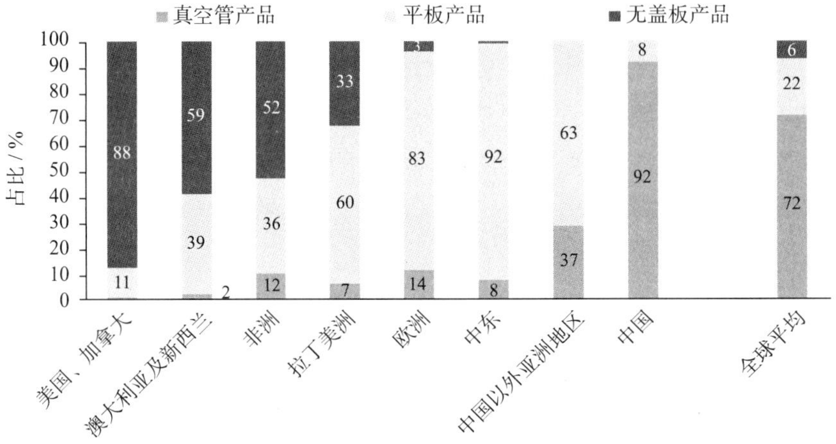

图 5–5　2018 年全球太阳能热利用累积安装量中产品结构分布

资料来源：IEA“Solar Heat Worldwide”2018，2019。

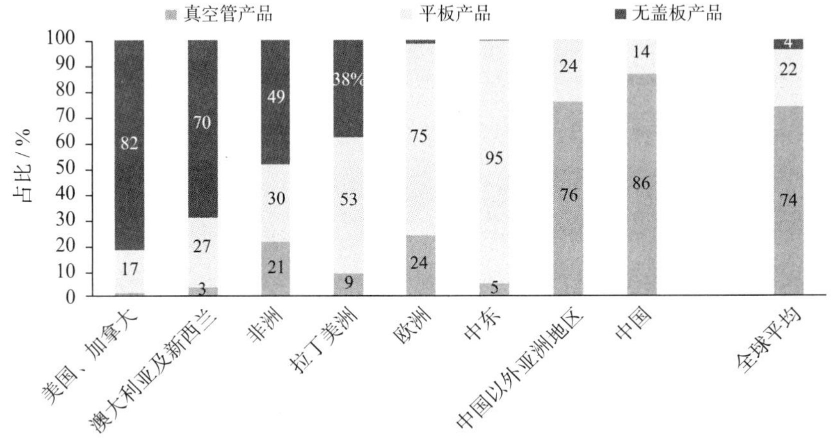

图 5–6　2018 年全球太阳能热利用新增安装量中产品结构分布

资料来源：IEA“Solar Heat Worldwide”2018，2019。

5.3.2　太阳能热利用的应用技术

近几年，太阳能热利用的主要应用方式从生活热水的加热逐渐拓展到建筑供暖、制冷和工农业供热的应用。虽然目前在全球的大部分地区，太阳能供暖、制冷和工业热利用的成本相对较高，与化石能源的竞争优势不明显，尚未进入快速发展阶段，但由于具有大规模替代化石能源的潜力，也预示了未来太阳能热利用技术的发展方向。

户用太阳能热水系统仍是 2018 年市场的主要产品，但是市场持续萎缩，而集中式太阳能热利用系统在越来越多国家得到应用，市场发展较快。全球共有近 300

个大型集中式太阳能热利用系统（集热面积超过 500m^2）用于区域供热系统。其中90% 的大型太阳能热利用系统安装在欧洲，而丹麦占了欧洲的 76%。大型太阳能热利用系统主要为公共建筑、区域内民用建筑提供供暖和热水需求。而户用太阳能热水系统主要应用在中国、泰国、印度等亚洲以及南非、埃及、肯尼亚、摩洛哥等非洲的发展中国家，为提高该地区的人民生活质量发挥了重要作用。美国、加拿大等美洲国家太阳能低温利用多应用在游泳池水的加热。在欧洲，太阳能热利用主要与生物质或天然气等其他能源系统结合，组成复合系统，在满足用户热水需求的同时，还可以提供 15%~30% 的供暖需求。

大型太阳能区域供暖热利用系统开始在越来越多的国家得到应用，尤其在欧洲国家发展速度较快。欧洲是太阳能区域供热市场发展较好的区域，尤其在丹麦、奥地利、德国等地，都建成了不少的区域供热项目。丹麦是大型太阳能区域供热系统的领先者，2016 年为发展高峰期，全年安装了近 40 万 m^2 的太阳能热利用系统，但是 2017 年市场出现下滑，仅安装了 2.7 万 m^2，但 2018 年又出现了回暖，其太阳能区域供热技术和工程市场都走在世界前列，已进入成熟发展阶段。另外，德国也在大力发展太阳能区域供热项目，波兰、法国等欧洲国家也在筹建太阳能区域供热系统。近几年大型太阳能热利用系统在亚洲也增长较快，2018 年中国、印度等地都建成了规模较大的太阳能区域供热系统。

太阳能制冷应用发展缓慢，技术上仍面临着一些“瓶颈”。由于太阳能光伏和其他可再生能源电力成本的快速下降，太阳能热驱动制冷与气动热泵或电动压缩制冷相比并不具有优势，因此太阳能热利用制冷技术面临的成本竞争压力较大。纵观技术发展，太阳能热利用制冷呈现两种发展趋势：一是大型集热系统与大功率吸收式制冷机结合组成大型的太阳能热驱动制冷系统，其制冷效率较高；二是发展小型制冷机系统（低于 5kW 的制冷机），如丹麦的 Purix、意大利的 Solarinvent 等公司都在研发推出低于 5kW 易于安装的小型制冷系统。一些太阳能制冷系统供应商也在世界各地积极推广太阳能制冷系统，如奥地利的 Solid 公司、意大利的 Maya 和 Solarinvent 以及德国的 Invensor 等公司都在开发太阳能制冷工程。意大利由于政府对太阳能制冷有补贴政策，因此 2018 年共完成了 5 个太阳能制冷工程，应用在办公楼和住宅楼；新加坡 2018 年由 Solid 公司在宜家建筑上安装完成了最大的太阳能热制冷系统（880kW），德印合资企业 VSM Solar 在印度政府办公楼安装完成了首个太阳能制冷系统（528kW），另外，在奥地利、德国、荷兰、沙特阿拉伯和西班牙都正在建设太阳能制冷示范工程。

2018 年，太阳能工业热利用持续发展，但市场规模仍然较小。由于工业热利用的终端对热力品质要求较高，因此中高温集热器和聚焦式集热器近几年得到发展，主要用于工业蒸汽的供应。如阿曼的石油生产商 Occidental 安装应用了容量为 $2GW_{th}$ 的槽式太阳能集热系统，为油田提供高温蒸汽，2018 年全球太阳能工业热利用系统共主要分布在阿曼、意大利、中国、印度等地。这些系统主要应用到工业领域，为食品、纺织等行业提供工业蒸汽或者提供预热。

6 生物质能

6.1 全球生物质能产业发展概述

生物质能形式多样、应用广泛，涵盖了电力、热力、交通等多个领域。生物质能是可再生能源体系中的重要组成部分，国际能源署在 2018 年年底发布的《可再生能源市场报告 2018》中提出，生物质能是可再生能源中被忽视的“巨人”。该报告预测，生物质能将引领未来 5 年可再生能源消费增长。生物质能在供热和交通领域的占比和影响力远大于其他可再生能源，预计将占到到可再生能源消费增长的 30%。到 2023 年，生物质能将成为可再生能源的主力。另据国际可在生能源机构 IRENA 发布的《可再生能源路线图 2030》预测，2030 年可再生能源在全球能源消费总量中的占比将达 36%，其中，生物质能将占可再生能源的 60%，[①] 生物质能将在未来能源替代中发挥重要作用。国际能源署作为全球能源战略研究的权威机构，在最新发布的研究成果中提出，生物质能将引领全球可再生能源发展，中国将是引领全球生物质能发展的关键。目前，生物质能大规模开发受生态环境、粮食安全、技术进步、开发经济性等多重因素影响，若要充分挖掘生物质资源潜力，仍需在生产生活方式、技术研发、社会经济等各方面大幅提升。

REN21《全球可再生能源现状报告 2019》显示，2018 年，全球生物质能利用总量约占全球能源消费量的 12.4%，约为 46EJ。其中，现代生物质能约占全球能源消

① Global Bioenergy Supply And Demand Projections, Irena, 2014.

费总量的 5%。大约 13.3EJ 的生物质热力贡献了全球 5% 的热力供应，3.5EJ 的生物燃料约占交通燃料的 3%，生物质电力约占全球电力的 2.1%。生物质电力每年以 9% 的速度增长，生物燃料以每年 7% 的增长速度紧随其后，而生物质供热增长相对缓慢，平均每年增长约 1.8%。

在生物质能供热领域，传统生物质能约占到 70%，主要来自亚非等不发达地区利用薪柴、木炭、动物粪便等直接燃烧炊事、取暖。2018 年的现代生物质能利用中，生物质发电装机容量约 13 000 万 kW，发电量 581TW・h。生物液体燃料总量约 1.1 亿 t，生物质颗粒燃料产量约 2 800 万 t。

6.2 全球生物质发电产业进展

生物质发电主要包括固体生物质（直燃）发电、垃圾发电、沼气发电。截至 2018 年年底，全球生物质发电装机容量达到 13 000 万 kW①，较 2017 年约增长了 6.5%，发电量约 5 810 亿 kW・h，较 2017 年增长约 9%。

根据 REN21 发布的 Renewables 2019 Global Status Report 数据，2018 年，美国在运行的生物质发电项目装机容量为 1 680 万 kW，发电量 690 亿 kW・h。巴西的生物质发电装机容量约为 1 470 万 kW，发电量达到 541 亿 kW・h，其中，蔗糖行业提供上网电量（SIN）200 亿 kW・h。巴西现行政策中要求，2007—2017 年，地方公共设施服务企业每年通过竞标获得的新能源装机容量至少为 200 万 kW。

在可再生能源法令的推动下，欧盟的生物质发电继续保持增长态势。2018 年，欧洲的生物质发电装机容量约 4 200 万 kW，发电量达 196 亿 kW・h。德国在欧洲生物质发电装机容量上处于领先地位，生物质发电装机容量约 800 万 kW，其中沼气发电装机容量约 616 万 kW；生物质发电量约 520 亿 kW・h，约占德国总发电量的 9%。

近年来英国大力推进生物质发电项目建设，2018 年，英国的生物质发电装机容量达到 770 万 kW，约增长了 30%，生物质发电量约 35.6 亿 kW・h。英国正在实施燃煤电站向生物质电站的改造工程，现全国最大的两座燃煤电站已改为生物质燃料。英国政府计划在 2025 年关闭所有燃煤电站，这将为生物质发电创造了发展空间。

在亚洲，中国的生物质发电规模最大，装机容量约 1 781 万 kW，发电量约 910 亿 kW・h。印度的生物质发电规模也达到 1 000 万 kW，发电量约 500 亿 kW・h。

---

① Global Status Report 2019, REN21.

日本受福岛核电站灾难事件影响，开始加大生物质发电的发展力度，2018 年生物质发电装机容量达 408 万 kW，发电量约 290 亿 kW·h。

6.3 生物质供热发展形势

生物质供热可应用于工农业生产、居民供暖、热电联产等多个领域，可为工业生产提供高热值热源，也可为家庭、商业或工业等领域提供低温热水。自 2006 年以来，受政策因素影响，现代生物质能供热生产增长相对缓慢，平均每年以 1.8% 的速度增长。2017 年，全球现代生物质能的供热量约为 13.3EJ。

生物质供热主要来自生物质固体燃料，近几年生物质供热未有明显增长，在全球工业供热消费总量的比重维持在 7% 左右，主要应用领域包括纸浆、造纸、木材、食品和烟草等。欧洲的生物质供热最为发达，生物质供热量约 1 亿 t 标准煤。近 5 年平均每年增长 2.2%，2018 年月约 4EJ。

全球生物质固体燃料主要应用于工业、居民供暖和商业建筑供热领域。工业领域的颗粒燃料消耗量约 1 600 万 t，区域供热和居民独立供热消耗的颗粒燃料大约为 1 400 万 t。2018 年全球颗粒燃料产量为 3 500 万 t。从生产地区来看，欧洲仍占据全球颗粒燃料生产和消费的主导地位，2017 年，欧洲颗粒燃料产量约占全球颗粒燃料产量的 56%，其次，美国约占 25%，加拿大约占 9%，亚洲约占 8%，其他地区约占 2%（图 6-1）。①

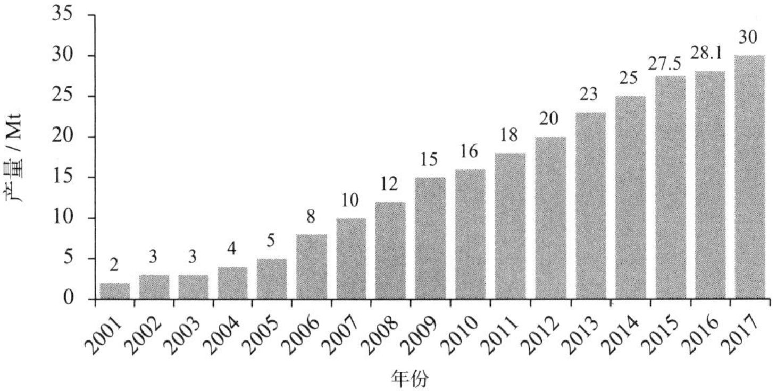

图 6-1　2001—2017 年全球颗粒燃料产量

资料来源：Wood Pellet Association of Canada。

① Wood Pellet Association of Canada.

6.3.1 欧洲生物质供热

近年来，欧盟颗粒生物质颗粒燃料利用量逐年增长。欧洲生物质颗粒燃料产业发展主要是基于严格执行行业标准，控制生物质颗粒燃料产品质量，从原料到产品进行全面的可持续认证，确保颗粒燃料燃烧排放物符合排放要求。

2018 年，欧洲颗粒燃料产量约占全球颗粒燃料产量的一半以上，继续保持全球最大的现代生物质供热消费市场。在一些欧洲国家的政策推动下，生物质固体颗粒燃料的应用量快速增长，如法国通过减免税收推进固体颗粒燃料应用，英国对可再生能源供热实施补贴激励措施。[①]

欧洲的颗粒燃料主要应用于发电、供热和热电联产。欧洲各国根据低于资源条件差异，应用领域和方式也各有侧重。英国和荷兰是典型的以发电为主，主要依靠从北美进口颗粒燃料生产电力。德国、奥地利、法国、意大利、芬兰和挪威的颗粒燃料主要用于供热，其中，奥地利和法国自身的颗粒燃料可满足国内需求，意大利主要依靠进口颗粒燃料用于供热。瑞典、丹麦、比利时和波兰的颗粒燃料主要用于热电联产。欧洲的生物质供热市场主要在意大利、德国和瑞典。尽管近两年持续的暖冬对一些地区的供热需求有所减少，按照欧洲可再生能源法令要求，欧洲颗粒燃料市场仍有巨大发展空间。近年来，欧洲的生物质固体燃料增长主要来自生物质资源丰富的波罗的海国家和东欧地区，分布式生物质供热的广泛应用减少了上述国家和地区对天然气的进口和依赖。

颗粒燃料具有高能量密度特性，是在全球范围内进行交易的商品化绿色能源。在欧洲，德国、瑞典、拉脱维亚是颗粒燃料主要生产国，北美洲的美国和加拿大是主要生产国。

全球颗粒燃料交易模式主要取决于各地区或国家的经济激励政策。从颗粒燃料发展历史来看，欧洲是颗粒燃料的主要进口区域，由于欧洲本土颗粒燃料成本较高，导致从北美的颗粒燃料进口量大幅增加，预计到 2020 年，欧洲的颗粒燃料消耗量将增至 5 000 万 ~8 000 万 t[②]，高成本使未来的欧洲颗粒燃料市场的可持续发展受到限制，同时，巨大的应用市场潜力也吸引着全球颗粒燃料生产商的关注。近 3 年来，日本和韩国逐步成为颗粒燃料的重要进口国。

---

① Agata Prządka and Erneszt Kovacs, Biogas Report 2014 (Brussels:European Biogas Association, 2014), http://european-biogas.eu/2014/12/16/4331/.

② http://www.woodpelletmills.com/news/The-European-Wood-Pellets-Market.html.

英国的生物质供热是可再生能源供热的主要形式，约占可再生能源供热技术的99%。英国在非家庭领域实施的可再生能源供热计划（Non-domestic RHI），支持包括生物质锅炉、热泵、太阳能光热、沼气等各类可再生能源供热技术应用。该计划有效推动了英国生物质供热发展。

2018 年，俄罗斯成为木质颗粒燃料的又一主要生产和出口国，年产能达到 360 万 t。2018 年的出口量增长了 15%，达到 150 万 t。

6.3.2 北美洲生物质供热

北美洲是全球第二大颗粒燃料市场。美国是全球最大的木质颗粒生产和出口国。2018 年，美国的木质颗粒产能达 1 080 万 t，实际产量 730 万 t。2018 年，美国木质颗粒燃料的出口量增长了 16%，约 540 万 t，主要向欧洲出口，如英国、丹麦、意大利、荷兰等国。美国的生物质供热主要用于纸浆和造纸等工业领域，拥有 420 座大型生物质锅炉和 11 000 座小型生物质锅炉。居民供暖是美国生物质供热主要需求，全美已有超过 80 万的独立生物质固体颗粒燃料炉。[①] 加拿大的木质颗粒燃料总产能超过 300 万 t，产量约 270 万 t。加拿大最大的颗粒燃料厂是英属哥伦比亚工厂，产能和产量约占全国的 65%，以大型工厂为主，分布在艾伯达、魁北克、新布伦瑞克、新斯科舍等省，各厂平均产量约 15 万 t，其余 35% 产能和产量主要分布在东部的纽芬兰，以小型工厂为主，最大产量不超过 5 万 t。[②]

6.3.3 亚洲生物质供热

亚洲地区生物质供热的应用市场主要集中在中国、韩国和日本，生物质供热的原料供应市场主要集中在中国和东南亚等地。东南亚地区凭借丰富的棕榈等热带植物优势，形成了以棕榈壳等林业果实废弃物为主的生物质供热原料生产供应基地。近两年来，越南则是凭借丰富的森林资源和便利的基础航运设施，迅速发展为颗粒颗粒燃料的重要出口国。与北美洲的颗粒设备大型化发展趋势相反，越南的颗粒燃料生产以小型分布式为主，低廉价格促使越南颗粒燃料成功进入韩国市场，但由于缺乏原料可持续认证和质量保证，其产品难以进入欧洲市场。

近年来，韩国和日本对颗粒燃料的进口量继续增加，进口的生物质颗粒燃料主要用于煤炭和生物质混燃发电。2017 年日本进口生物质颗粒燃料约 51 万 t，其中 70% 来自加拿大。预计到 2025 年，生物质颗粒燃料应用量达到 84 万 t。韩国自

---

① Erin Voegele, “EIA: More Wood to Be Used in Heating, PowerApplications in 2015, ” Biomass Magazine, 14 November .

② Wood Pellet Association Canada.

2012 年起开始实施可再生能源配额政策，要求电力生产中必须有 2% 来自可再生能源。韩国的生物质颗粒燃料用量和生物质发电比重持续增长，2017 年韩国的颗粒燃料应用量约 240 万 t。中国在亚洲颗粒燃料市场中占有较高份额，在清洁供暖和低碳能源转型政策带动下，近两年中国生物质颗粒燃料产业发展逐步回暖。2018 年中国的颗粒燃料应用量约 1 500 万 t。

6.4　全球生物质液体燃料发展趋势

6.4.1　全球生物液体燃料概况

生物液体燃料在全球范围内的应用已经较为广泛，主要是燃料乙醇和生物柴油在道路交通领域替代化石燃料。随着生物燃料技术不断进步，未来生物燃料在航空燃料领域的应用也将具有较大空间。进入 21 世纪后，全球生物燃料乙醇产量快速增长，从 2002 年的 1 619 万 t 增至 2018 年的 8 535 万 t，年均增长约 11%。随着道路交通车辆的电气化和智能化发展，对包括生物燃料产业在内的传统交通燃料发展形成巨大挑战。但是鉴于生物燃料在保障能源安全、应对气候变化、促进社会经济发展等多方面的重要作用，在重型卡车、船运、航空等电力驱动难以替代的特殊领域潜力仍旧较大，世界各国仍在不断加强研发支持力度和市场化应用探索。在近中期的清洁能源替代进程中，生物燃料仍将作为重要的战略性能源。

6.4.2　生物燃料乙醇发展形势

2018 年，全球生物燃料乙醇产量约 8 535 万 t，较上年增长了 5.6%。[①] 生物燃料乙醇经过 2010—2013 年的低迷，现已逐步进入稳步增长轨道。2016—2018 年，生产乙醇的主要原料玉米和甘蔗生产平稳，相对稳定的原料价格有效控制了燃料乙醇的生产成本，燃料乙醇产量继续呈增长态势。

燃料乙醇主要由糖类和谷类作物为原料生产而成，其中以糖类原料生产的燃料乙醇约占 60%，以谷类作物为原料生产的燃料乙醇约占 40%。不同国家和地区的自然条件差异决定了不同生物燃料原料类型，美国主要以玉米为主，巴西以甘蔗为主，中国则是将以木薯等非粮原料作为未来燃料乙醇发展的主要原料。图 6–2 为 2002—2018 年全球生物燃料乙醇产量，图 6–3 为 2016—2018 年世界主要生产国和地区生物燃料乙醇产量。

---

① 2016 Global Status Report，REN21.

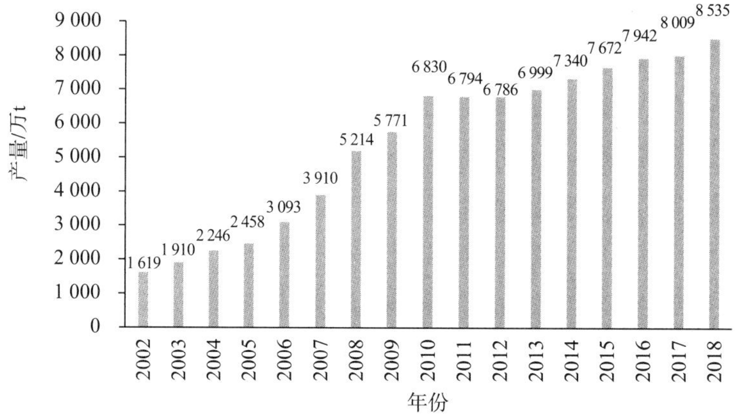

图 6-2　2002—2018 年全球生物燃料乙醇产量

资料来源：F.O. Licht, World Ethanol and Biofuels Report, RFA。

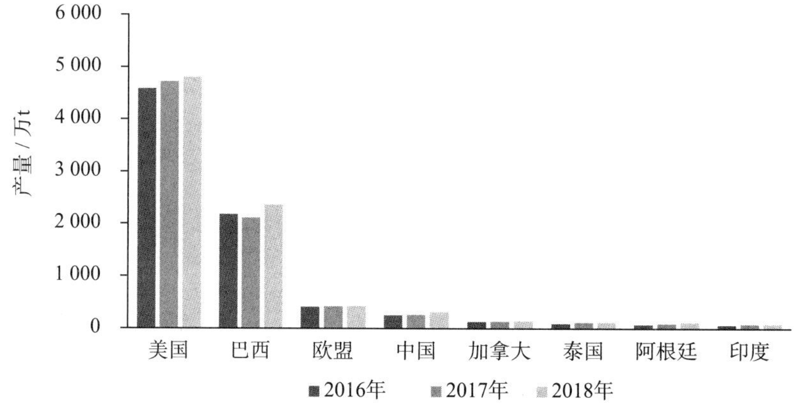

图 6-3　2016—2018 年世界主要生产国和地区生物燃料乙醇产量

资料来源：RFA analysis of public and private estimates。

如图 6-3 所示，美国和巴西继续占据全球生物燃料乙醇市场的主导地位，2018 年，两国的生物燃料乙醇产量约占到全球总产量的 84%，欧盟约占全球生物燃料乙醇产量的 5%，中国生产了约 314 万 t 燃料乙醇，约占全球产量的 4%，加拿大乙醇产量也超过 140 万 t。

美国　2018 年，美国生物燃料乙醇产量再创历史新高，总产量约 4 800 万 t，继续占据全球第一，约占全球燃料乙醇产量的六成。[①] 美国不仅是生物液体燃料的生产大国，先进科技的强大支撑是美国长期处于领先地位关键所在。2007—2018 年，美

① 2018 Ethanol Industry Outlook, RFA。

国通过科技创新，使玉米产量增长了10%以上，同期的乙醇产量也显著增加，从每年65亿加仑到165亿加仑。美国农业部预计，按照目前技术的发展趋势，即通过玉米产量、工艺燃料转换和运输效率提高，到2022年玉米乙醇的温室气体排放将达到比汽油低近50%的目标，玉米乙醇将成为未来美国化石燃料的重要替代品。

美国长期坚持燃料乙醇产业发展的重要原因是，燃料乙醇产业具有社会和环境的双重效益。根据美国可再生燃料协会统计数据，美国生物燃料乙醇产业发展近10年来，为美国农村发展做出了重要贡献，工业产值增长了74%，就业人数增长了42%。表6-1显示了美国自2007以来生物燃料乙醇产业的变化情况。

表6-1　美国生物燃料乙醇产业发展比对

乙醇生产	2007	2017	变化率
运行乙醇厂	110	211	92%
乙醇产量/10亿加仑	6.5	15.8	143%
副产品（动物饲料）/Mt	18.4	41.4	125%
工业产值/10亿美元	17.8	31	74%
就业数量/人	238 541	339 176	42%
先进生物燃料/10亿加仑	0.49	2.79	469%

资料来源：RFA。

美国生物燃料乙醇产业发展的成功得益于先进玉米种植技术和高效的乙醇生产管理水平以及完善的掺混配售机制和激励措施。

作为全球燃料乙醇成本最低的生产国，美国加强了对国际市场的开发力度。低价且高辛烷值的燃料乙醇吸引了全球交通燃料市场用户。燃料乙醇大量出口中国，再次验证了燃料乙醇作为改善城市环境污染的清洁燃料被逐步认可。

巴西　巴西是最早将生物燃料乙醇用于道路交通燃料的国家，2018年，巴西的燃料乙醇产量约331亿L，较上一年度增长18.8%，约占全球燃料乙醇产量的26%，正在运行的甘蔗燃料乙醇工厂超过360座。巴西也是全球主要的生物燃料出口国，2018年出口量约为16.7亿L。据巴西甘蔗产业协会数据显示，近10年来，巴西乙醇产量增长了两倍，2018年巴西新增注册使用的汽车总量为225万辆，其中“灵活燃料”汽车达217万辆，电动汽车4 034辆，汽油车81 934辆，新增使用乙醇汽油的车辆占新增车辆的96.5%。可见，巴西在交通领域推广应用生物燃料乙醇的模式已经十分成熟。

欧洲国家 2018 年，欧洲燃料乙醇产量达到 427 万 t，较 2017 年增长约 1%。法国是欧洲最大的燃料乙醇生产国，德国是欧盟成员国中生物液体燃料消耗量最大的国家，生物液体燃料的消费量占道路交通燃料的 5.7%。德国计划生物燃料乙醇掺混比将增至 E10。据德国环境部统计，生物燃料乙醇行业为德国创造了 2.3 万个直接工作岗位。此外，匈牙利和英国的燃料乙醇大幅增长，增长幅度分别为达到 38% 和 23%。

亚洲国家 2018 年，中国继续保持在亚洲的生物燃料乙醇领先地位，生物燃料乙醇产量约 314 万 t。中国现有的生物燃料乙醇的生产原料仍以玉米陈化粮为主，当前也在开展以木薯、甜高粱、农林废弃物（纤维质生物质）等非粮原料生产燃料乙醇的研发示范。泰国通过政府补贴推动燃料乙醇生产，乙醇掺混比在 12%~40%，且乙醇汽油比化石燃料便宜，销售 E20 和 E85 的加油站正在不断增加；此外，马来西亚、菲律宾、印度尼西亚等东南亚国家拥有丰富的热带或亚热带生物质资源，适于用来生产生物液体燃料，这些国家正在努力寻求向中国、韩国、日本乃至欧洲输送生物质原料的途径，试图构建东南亚生物液体燃料的原料供应基地。

6.4.3 政策发展动态

全球生物液体燃料产业受各国政策调整变化起伏波动，欧盟对生物液体燃料的生产原料的可持续性和减排效果进行了反复论证和数轮投票决议，美国一再延迟生物液体燃料的补贴政策并调整可再生燃料目标。其他国家也在努力推行生物液体燃料的掺混政策或提高掺混比例，全球已有近 50 个国家的政策明确支持可再生能源燃料在交通领域应用。

掺混政策

全球约有 33 个国家实施了生物液体燃料强制掺混政策。阿根廷的乙醇掺混比例从 E7 提升至 E10，生物柴油掺混比例也为 10%（B10）。巴西生物柴油掺混比由 B5 提升至 B7，并且将燃料乙醇掺混比例从 E25 增至上限值 E27.5。马来西亚生物柴油掺混比从现有的 B5 提高到 B10。

近年来，随着美国燃料经济性标准提高等原因，汽柴油总体消耗量要比 2007 年设定的项目预期值大幅减少。2014 年美国环境保护局（EPA）提议降低先进生物燃料和可再生燃料利用标准，使其达到合理的消耗水平。在 2018 年最终可再生燃料标准利用量中，EPA 再次明确提出了总量目标和各类生物燃料的具体目标。EPA 将可再生燃料分为先进生物燃料和传统生物燃料，其中先进生物燃料又分为纤维素乙醇、生物柴油和其他先进燃料。表 6-2 是 2017—2018 年最终可再生燃料标准的法定利用量。

表 6-2 2017—2018 年最终可再生燃料利用量目标（RVOs）

单位：10 亿加仑 /a

燃料分类		2018 年 法定量	2018 年 建议量	2018 年 确认量	2017 年 确认量
先进生物燃料	纤维素乙醇	7	0.238	0.288	0.311
	生物柴油	1.5	3.15	3.15	3
	其他先进燃料	2.5	0.852	0.852	0.969
先进生物燃料总量		11	4.24	4.29	4.28
传统生物燃料		15	15	15	15
可再生燃料总量		26	19.24	19.29	19.28

资料来源：EPA Final Rule for 2018 RVOs。

美国政府持续给予生物燃料项目资金支持。2015 年，美国农业部投资 1 亿美元推动“生物质能基础设施合作项目”的建设，使用户获得更多的可再生能源燃油选择。新项目将支持所需的基础设施发展，安装能供应更高可再生能源混合的燃油泵。2015 年 8 月，美国能源部宣布将对两个先进生物燃料项目提供 400 万美元的支持，目标是到 2022 年，将清洁、可再生、可直接使用的生物燃料成本降至相当于 3 美元 / 加仑汽油的价格。2017 年 9 月，美国能源部生物能源技术办公室和美国农业部（USDA）国家粮食与农业研究院（NIFA）宣布，共同资助 1 500 万美元用于开展集成生物精炼（IBR）优化项目，旨在优化改善生物精炼技术，提高生产生物燃料和生物基产品的生产效率，显著降低 IBR 技术应用相关的技术和财政风险，解决与生物精炼规模化生产、可靠性和可持续性运营相关的关键问题，降低投资资本和运营费用，加速美国生物经济的发展。本次资助项目将关注三大技术主题，包括：在不同操作条件下的原料、污泥和固体废弃物对生物燃料开发影响分析；将生物精炼产生的废料转化为高价值化学品；固体材料的分析模型和反应器进料系统开发。

可再生燃料证书

根据 RFS Ⅱ 的要求，可再生燃料生产商或进口商通过 EPA 对所生产和进口的生物燃料申请注册可再生燃料识别码（Renewable Identification Numbers, RINs）。EPA 可通过调试交易系统（Moderated Transaction System, EMTS）来监测追踪 RINs 的产生、交易和过期，避免可再生燃料信息混淆。根据要求，汽、柴油生产商、进口商及混配商必须拥有一定量的 RINs 来证明其达到了当年可再生燃料标准的混配比例。美国《可再生燃料标准》见专栏。

专栏　美国《可再生燃料标准》

美国《可再生燃料标准》（Renewable Fuel Standard, RFS）是由美国环保局（United States Environmental Protection Agency, EPA）根据《能源政策法案 2005》（Energy Policy Act of 2005）为减少石油对外依存度与交通温室气体排放、改善空气质量、提高生物燃料利用量而制定的强制指令。RFS 要求汽油、柴油供应商以及进口商每年需完成一定的生物燃料责任配比，生物燃料配比量为生产量 / 进口量乘以目标年份的比例要求。在第一阶段的目标实现后，2007 年年底，EPA 又根据《能源独立与安全法案 2007》（Energy Independence and Security Act, EISA）修订通过 RFS Ⅱ，对生物燃料的利用量提出了新的要求。EPA 负责 RFS 的实施与管理，并根据 2022 年总体目标，以及各年度汽油消耗量及生物燃料技术发展的情况，调整制定各年度的具体实施要求。

由于近几年纤维素燃料的产量无法满足法规要求，EPA 通过允许责任商（生产商和进口商）购买纤维素燃料豁免配额（Cellulosic Waiver Credits, CWC）以达到规定配额要求。如果纤维素乙醇责任商无法完成规定的产量配额，需按照 CWC 价格购买纤维素乙醇的产量缺口，CWC 的价格近 3 年逐年攀升，2014—2016 年的价格分别为每加仑 0.49 美元、0.64 美元、1.33 美元。

行业管理

为了进一步保证能源供应安全和应对气候变化，2009 年 5 月欧盟委员会制定并实施了“可再生能源指令”（EU-RL 2009/28/EC）（以下简称 RED 指令），提出到 2020 年欧盟能源消耗中至少有 20% 来自可再生能源。RED 指令规定了生物燃料使用的强制性目标：“到 2020 年每个成员国应确保国内交通用途的可再生能源消耗量，至少要占总交通能源消耗量的 10%。”欧盟各成员国必须在指令生效后的 18 个月内制定本国的生物燃料相关法规，并明确逐年增长的消耗量目标，从而使欧盟整体能够达到 RED 指令所要求的 2020 年消耗量目标。

根据 RED 指令要求，在欧盟使用的生物燃料须符合一系列的可持续性要求。指令第 17~21 条规定了生物燃料应符合的可持续性要求：

1）使用生物燃料所削减的温室气体排放至少要达到 35%，从 2017 年起至少要达到 50%，从 2018 年起则至少要达到 60%；

2）生物燃料的原材料不应来自生物多样性较高的地区，如人迹罕至的原始森林和其他多林地区、自然保护区或生物多样性较高的草地等；

3）生物燃料的原材料不应来自碳储存较高的地区，如湿地、大片森林区域等；

4）生物燃料的原材料不应来自泥炭地；

5）在欧盟境内种植、用于生产生物燃料的农作物原材料，应符合欧盟条例（EC）No 73/2009 中的环境和良好农业规范要求。

以糖料作物、谷物和油籽为原料制造的第一代生物燃料的使用在全球范围内引起了广泛争议，相关研究认为，生物燃料可能会造成潜在的环境危害，用粮食制作生物燃料越来越被视为一种对地球环境弊大于利的行为。自 2012 年起，欧盟生物燃料政策开始调整，对于“第一代”使用农产品为原料的生物燃料支持逐步撤出。产业逐步转向政府鼓励的利用垃圾、麦秸和藻类等非粮食作物生产的新型生物燃料领域的投入。

欧盟与生物燃料立法相关的政策

2012 年，欧洲委员会最初审议欧盟生物燃料政策的建议中对基于粮食的生物燃料提出 5% 的比例限制，2013 年，欧洲议会以微弱多数表决通过将粮基生物燃料作为运输燃料的使用上限设为 6%。2014 年 6 月 14 日，欧盟各国达成一项临时协议，规定交通运输车辆使用第一代生物燃料（生物柴油、生物乙醇等）的比例不得超过 7%，以保护粮食作物种植面积和产量。2015 年 4 月 14 日，欧洲议会环境委员会的成员们签署了一项妥协性协定，规定对交通部门使用的基于粮食的生物燃料作出了明确限制。该项立法要求欧盟成员国限制在交通部门使用“第一代”生物燃料（从农田生长的农作物中提取的燃料）的比例，到 2020 年降至 7%。

生物航空燃料政策

在澳大利亚取消了碳税、欧盟搁置了针对非欧洲国家飞机的排放交易机制之后，生物燃料作航空燃料的前景仍被看好，一些监管机构把生物航煤作为航空产业减排的重要途径。2015 年 3 月，美国环保局提出要对航空排放进行管理，确定飞机温室气体排放是否会导致污染，危害公众健康。国际空运协会正在计划实施温室气体减排计划，开始关注并建立包括对生物燃料等在内的航空燃料跟踪检查方法。

财税优惠

税收优惠政策是世界各国鼓励生物液体燃料应用的重要措施。2014 年，美国政府对先进生物燃料继续实施宽松的优惠政策。美国最为有效的激励政策，即对纤维素燃料产品提供每加仑 1.01 美元、对生物柴油每加仑 1 美元的联邦税收减免。对于纤维素燃料的减免政策还将延伸至利用藻类炼制的燃料。不过减免政策持续到 2014 年 12 月 31 日就已经结束。与现行纤维素燃料税收减免政策不同，美国新的藻类燃料税收政策扩大了税收减免范围，优惠将不局限于售卖燃料给终端消费者的生产商，还包括售卖燃料给精炼加工商的生产商。该优惠政策涉及范围的扩大，将有助于推进藻类生物燃料的商业化开发。

巴西通过降低了乙醇出口税率刺激燃料乙醇市场；为稳定国内乙醇市场，2015 年 5 月，巴西参议院通过了 668 号法案，上调了进口乙醇等关税，由 9.25% 上调至 11.75%。印度解除了对生物柴油销售的管制，允许生产商直接向消费者销售生物柴油，以扩大生物柴油市场，同时，印度国家铁路公司还计划将 5% 的生物柴油应用于火车机车燃料。

7 水电

7.1 全球水电发展现状

近年来水电发展较为平缓，2018 年全球新增水电装机容量 2 180 万 kW（包括 200 万 kW 抽水蓄能），同比 2017 年基本持平，总装机容量达到 12.92 亿 kW。① 2018 年全球水电总发电量约为 4.2 万亿 kW · h，同比上升了约 1%。水电仍是规模最大的可再生能源发电技术但占比持续下降，2018 年，水电发电量占全球总发电量的 15.7%，② 同比下降 1 个百分点，发电装机容量占到全球可再生能源发电装机容量近 55%，③ 同比下降近 5 个百分点。

全球水电装机增速放缓，2018 年全球新增水电主要集中在中国、巴西、巴基斯坦和土耳其，分别新增 700 万 kW、380 万 kW、250 万 kW 和 110 万 kW。巴基斯坦水电取得重大进展，3 个长期延期的项目于 2018 年正式并网，合计装机容量 250 万 kW。土耳其水电累计装机容量达到 2 830 万 kW，约占全国总装机容量的 32%，占土耳其全部电力供应的 20%。印度经济的快速增长增加了对电力的需求，近两年印

① 国际水电联合会，全球年度水电现状报告 2019。

② BP Statistical Review of World Energy June 2019。

③ 国际可再生能源署。

度水电新增装机容量较快，2018 年新增装机容量 50 万 kW，主要来自单一最大的水电项目基桑加尼项目 3 台 11 万 kW 机组，到 2018 年年底印度共有 37 个共计 1 200 万 kW 的规划水电项目，但有 16 个总计 600 万 kW 的项目由于缺乏资金和环境问题已经停建。表 7–1 为 2018 年全球装机容量前 10 国家。

表 7–1 2018 年全球装机容量前 10 位国家 单位：万 kW

序号	国家	新增装机
1	中国	700
2	巴西	380
3	巴基斯坦	250
4	土耳其	110
5	安哥拉	70
6	塔吉克斯坦	60
7	厄瓜多尔	60
8	印度	50
9	挪威	40
10	加拿大	40
全球累计装机排名（含抽蓄）		
1	中国	35 226.0
2	巴西	10 413.9
3	美国	10 274.5
4	加拿大	8 138.6
5	日本	4 990.5
6	印度	4 991.7
7	俄罗斯	4 850.6
8	挪威	3 225.6
9	土耳其	2 835.8
10	法国	2 551.9

2018 年，全球抽水蓄能装机新增容量 190 万 kW，同比下降 30%，累计装机容量达到 1.60 亿 kW。2018 年，中国新增抽水蓄能装机容量 150 万 kW，总装机容量达到 2 990 万 kW，超过日本全球排名全球第一。从国别来看，中国、日本、美国仍是全球抽水蓄能装机容量建设的主要国家，三者合计装机容量占全球总量一半以上。分区域来看，欧洲、美州是抽水蓄能装机容量较为集中的区域。近年来，抽水蓄能

的储能以及灵活性在电力系统中的作用越来越受到认可，特别是其平衡风能和太阳能等不稳定可再生能源的作用日益凸显。表 7–2 为 2018 年抽水蓄能装机容量排名。

表 7–2　2018 年抽水蓄能装机容量排名　　单位：万 kW

序号	国家	抽水蓄能装机容量
1	中国	2 999.0
2	日本	2 763.7
3	美国	2 285.5
4	意大利	755.5
5	法国	698.5
6	德国	680.6
7	西班牙	617.7
8	奥地利	521.2
9	印度	478.6
10	韩国	470.0
11	葡萄牙	391.9

7.2　全球水电发展趋势

全球大量电站进入升级期，水电与其他可再生能源协同技术是重点

2018 年，水电行业的一个显著特点是陈旧的水电站维修升级，全球超过一半的水电设施已经完成或即将进行技术升级以适应现代化要求。另一个趋势是水电站可以为风、光、电等波动电源可以提供有效的价值整合，发挥协同效应。水电站升级与可再生能源协同运行具有关联性。

水电、风电、光电互补可实现波动可再生能源发电的稳定输出。特别是在一些波动可再生能源占比较高的地区，更加关注能源储存和可调用的灵活性电力包括水电、抽水蓄能等技术，水电也从电力系统和调峰调频服务中获得更大的收益。

抽水蓄能系统持续增长

抽水蓄能是目前技术最为成熟、成本最低的大规模电力存储方式。随着电网对电力灵活性要求提高，抽水蓄能的规模将进一步提升。在规模提升的同时，抽蓄技术也在不断发展，如德国风力—水电混合抽蓄项目中，风机安装在抽蓄电站上库，风机高度得以增加，在提升了风电出力水平的同时，抽水蓄能电站又可调节风力波动带来的电网频率变化。此外，美国夏威夷和西班牙大加纳利岛正在为小型电网系统也开发抽水蓄能项目。

水电项目建设更加重视新对气候变化的适应能力

减少生态环境破坏是应对气候变化和水电可持续发展的重要内容。国际水电协会（IHA）基于2011年水电可持续性评估协议推出了新工具和可持续性发展指南（最佳实践），帮助项目找出在环境、社会治理领域与最佳做法的差距。指南提出了定义有关最佳实践的过程和结果，水电项目的规划、实施和运营，并可在合同安排中指明以帮助确保良好的项目成果。这两个工具都符合与世界银行新的环境与社会框架和国际金融公司的环境与社会绩效标准。水电由于在可持续性上的不足，绿色债券标准大部分排除水电造成融资困难。2018年，气候债券 Initiative（CBI）更新了气候债券分类标准，提供了指导帮助决策者识别资产和项目符合低碳经济的要求，并且提供符合《巴黎协定》确定的2℃全球变暖目标的筛选标准。2018年，水电设施尚未获得 CBI 认证（截至2018年年底，资格标准尚未最终确定），新的分类标志表明任何类型的水电项目符合“2℃”标准，需要遵守最佳行业惯例评估和解决环境和社会风险。

8　地热能

8.1　全球地热能市场发展形势

地热能的利用方式主要包括热利用和发电两类。随着全球更加重视清洁能源的发展，近年来全球地热能市场一直保持着稳定增长的发展态势。根据国际可再生能源署的统计，截至2017年，全球地热能的热利用（不含地源热泵）总量约为613PJ（约2 094万t标准煤）。

8.1.1　地热发电开发利用水平逐年提高

近年来，地热发电领域一直保持着增长态势，但增速较为平缓，年增长率4%~5%。根据 REN21 统计，2018年全球新增地热发电装机容量50万kW，全球地热发电总装机容量达到1 330万kW。

随着全球气候变化和能源需求的不断增长，开发地热发电项目的国家日渐增多，从肯尼亚到冰岛、从日本到美国，地热发电遍布世界各地，但主要集中在美国、印度尼西亚、菲律宾、土耳其等 10 个国家，这些国家的地热发电装机容量占全球总量的 93%。其中，美国的地热发电装机容量最大，2018 年年底达到 254 万 kW；其次是印度尼西亚（195 万 kW）、菲律宾（193 万 kW）、土耳其（128 万 kW）、新西兰（103 万 kW）、墨西哥（92 万 kW）、意大利（76 万 kW）、冰岛（75 万 kW）、肯尼亚（68 万 kW）、日本（53 万 kW）。我国的地热发电装机规模取得突破，累计装机达 6.1 万 kW，其中西藏羊八井高温地热电站装机 3.2 万 kW。

2018 年，全球新增地热装机容量 52.7 万 kW，主要来自于土耳其、印度尼西亚、美国和冰岛，约占全球新增装机的 88%，其余主要来新西兰、克罗地亚、菲律宾和肯尼亚。2018 年，土耳其新增地热发电装机 21.9 万 kW，累计装机容量同比增加 21%。2018 年，土耳其新增装机容量主要是土耳其单一最大装机 Kizildere III 电厂，2018 年 2 号机组投入运行，装机容量 65.5MW，其他新增装机项目还包括 Baklaci（19.4MW），Buharkent（13.8MW），3S Kale（25MW）和 Pamukören 的 4 号机组（32MW）。

印度尼西亚新增装机 1.4 万 kW，新增装机容量排名全球第二。2018 年，北苏门答腊 Sarulla 电厂 110MW 机组投入运行。由于受到开发商钻井延误，没有达到其政府加速地热投资的目标。印度尼西亚地热能资源潜力约为 29GW，由于高资源风险和高钻井成本因素影响，目前全国只开发了不到 7% 的地热资源。印度尼西亚地热发电约占全国电力的 5%。印度尼西亚地热能产业面临的挑战具有普遍性，如较长的项目交付周期、资源和勘探风险及开发的高成本。

美国仍是全球最大地热发电国家，2018 年新增装机容量 5.8 万 kW，总装机容量 254 万 kW。2018 年美国地热能发电量约 16.7TW · h，同比增长 5%。近年来，由于电力需求停滞，新西兰地热发电装机容量增长缓慢。2018 年，该国委托开发的二元循环电厂（binary-cycle plant）Te Ahi O Maui 25MW 项目投入运行。新西兰地热能发电约占全国发电量的 17%。

冰岛紧随美国，2018 年冰岛 90MW 的 Þeistareykir 地热发电厂建成，其中有 45MW 机组投入运行。冰岛主要以高温地热能为主，但该项目主要利用的是 100℃的低温地热资源。2018 年，克罗地亚第一个地热能发电厂 Velika Ciglena 建成，装机容量 17.5MW。克罗地亚计划进一步开发地热资源，以提高可再生能源在其能源结构中的比例。

2018 年，菲律宾新增装机容量 12MW，是自 2014 年以来首次新增装机容量。肯尼亚对 Olkaria III 地热电站进行了扩建，新增装机容量 11MW，该电厂总装机容量达到了 150MW。截至 2018 年年底，肯尼亚累计装机容量达 0.68GW。

非洲地热活动主要集中在东非裂谷系统，从亚丁湾南部的吉布提向南流经埃塞俄比亚、肯尼亚和坦桑尼亚到马拉维，坦噶尼喀的大湖和马拉维湖的裂缝形成了丰富的地热能资源。2018 年，肯尼亚和埃塞俄比亚正在开展一些项目。但是，与其他地热资源资源开发区一样，高投资成本和项目风险仍然是阻碍东非地热开发的重要因素。同时，影响该行业发展的因素还包括资金不足、勘探资金补贴不足、专业人员缺乏以及没有支持该行业发展的可持续的政策和立法。

加勒比地区的几个岛屿也拥有大量尚未开发的地热资源，但由于缺乏资金支持，该地区地热能开发较为缓慢。多米尼加共和国严重依赖柴油发电机供电，是世界上电费最高的岛屿之一。在受到飓风的重大打击之后，该国在 2018 年和 2019 年 7MW 地热发电厂建设重新获得了国际支持。该项目获得了欧盟加勒比投资基金 230 万美元的赠款，以及世界银行 2 700 万美元的贷款和其他赠款。

2018 年，哥斯达黎加 Las Pailas II 电厂地热能新增装机 55MW，并于 2019 年上半年投入使用，这将推动该国脱碳进程，并替代部分进口电力及水电。

8.1.2 地热能热利用是目前地热能开发利用的主要方式

地热热利用包括直接热利用、地源热泵等方式。地源热泵目前是地热能热利用的主要方式，此外，洗浴热水和泳池水加热以及供暖（主要是区域供暖）是地热能直接热利用的主要方式，其余主要是温室、工业利用、池塘养殖供暖、农业烘干、融化冰雪、制冷等领域。

根据 REN21 的统计，2018 年全球新增地热能直接热利用容量约为 $1.4GW_{th}$，累计装机容量约为 $26GW_{th}$。从新增装机容量来看，区域供暖是最大和增长最快的应用之一，而泳池和洗浴的规模增长速度较为缓慢。这些应用约占总容量的 80%，剩余的 20% 主要用于生活热水供应、温室、工业利用、水产养殖、融雪和农业烘干等。

欧洲是地热能热利用最活跃的地区，到 2018 年年底，德国有 37 个小型地热热利用厂（每个约 $40GW_{th}$），热利用总容量为 $336GW_{th}$，电力装机容量为 37MW。这些设施使用低到中等的焓资源（约 160℃或更低），主要用于区域供热，其中有 7 家工厂使用二元技术用于供热和发电。慕尼黑制定了到 2040 年所有区域供热全部来自可再生能源，到 2050 年成为碳中和城市的发展目标。在慕尼黑南部的巴伐利亚 Holzkirchen 社区，2018 年年底开始试运行 3.4MW 的热电联产厂，为当地的区域供热系统供热，预计几个月后进行发电。该厂使用二元循环技术从两口供应超过 150℃地热盐水的深井（5.1km 垂直深度）中利用热量。在慕尼黑的郊区，装机容量为 $50GW_{th}$ 的地热厂已经完成两个钻孔，预计将成为德国最大的地热热利用厂，将为 8 万市民提供热量。

法国巴黎及周边地区的地热供暖继续扩大。2018 年，Grigny 和 ViryChâtillon 社区的联合地热网络建成能够为 1 万个家庭和公共建筑服务。在巴黎郊区的 Cachan，两个新钻孔替代了旧井。位于斯特拉斯堡大都市区，法国井预计将为 26 000 位居民提供电力及通过区域供热系统提供热。

随着 2017 年区域供热系统新井的完工，匈牙利扩大了地热区域供热能力。该项目的三口井能够为 Győr 市的近 24 000 套住宅供热。

8.2 全球地热能产业发展形势

总体来看，地热能市场规模稳步扩大，许多国际机构和开发银行也为地热产业发展提供了资金支持，以推动产业发展。

根据 REN21 的统计，2018 年，全球对地热产业投资达到了 22 亿美元，占所有可再生能源（不含水电）投资的不到 1%。拉丁美洲地热开发基金（GDF）成立于 2016 年，是该地区第一个促进地热能源发展的多边捐助倡议，并于 2018 年 10 月宣布进行第二轮融资，1 490 万美元的赠款将用于支持几个国家的地面研究和探索性钻探。在墨西哥，美洲开发银行（IDB）批准了近 1.09 亿美元的贷款，以刺激私人投资地热开发，通过贷款促进降低每个开发阶段的投资风险，包括勘探、钻井、现场准备、建设和运营。近 10 年来，伊斯兰开发银行为墨西哥 300MW 地热能装机融资，并利用其他公共和私人资金共计 42 亿美元用于开发已探明的地热储量。2018 年，世界银行与其他几个发展伙伴协调，启动了印度尼西亚地热资源风险缓解（GREM）项目计划，旨在扩大对印度尼西亚地热能源开发的投资。世界银行计划提供 6.5 亿美元资金用于降低该国的勘探钻井风险，另外还有 1 000 万美元用于技术支持。2018 年 11 月，绿色气候基金为 GREM 项目的第一笔 4.1 亿美元的资金批准了 1 亿美元的融资（92.5% 作为赠款），由世界银行补充 2.25 亿美元的贷款，其余来自私人政党和印度尼西亚政府。GREM 的特点是如果项目不能找到足够的蒸汽，能够免除高达 50%的贷款，这将大大降低项目开发风险。亚洲开发银行（ADB）的目标是支持中国的地热能开发。亚洲开发银行向冰岛 AGE 和中石化绿色能源（AGE 和中石化的合资企业）签署了 2.5 亿美元贷款，以支持地热供暖的发展。

中国是全球地热供热领域最大的市场。目前，全国 31 个省、市、区均有浅层地温能开发利用工程，浅层地温能供暖/制冷的单位（住宅小区、学校、工厂等）约 3 400 个，80% 集中在华北和东北南部地区，包括北京、天津、河北、辽宁、河南、山东等省市。北京约有 2 000 万 m^2 的建筑利用浅层地温能供暖和制冷，沈阳市已超过 4 300 万 m^2，山东省总开发利用面积也约为 3 000 万 m^2；长江中下游地区，如武汉、南京等地区也在规划地源热泵的应用，且初步规划应用面积都在 1 000 万 m^2 以上。截至 2017 年年底，[①] 全国水热型地热能供暖建筑面积超过 1.5 亿 m^2，其中山东、河北、河南增长较快；地热能发电装机容量达到 27.28MW。

地热发电在设备制造领域集中度较高。按照目前全球运行的装机容量，主要有 5 个地热发电涡轮机制造商，分别是：三菱（日本）、东芝（日本）、富士（日本）、Ansaldo/Tosi（意大利）、Ormat（奥玛特，以色列），这 5 大制造商占据了全世界地热发电装机容量的 80%。

8.3 全球地热能技术发展趋势

从全球范围来看，地热能的开发利用目前主要是朝着两个方向发展：一是地源热泵，主要用于满足建筑供暖和制冷需求；二是地热发电，从实现电力供应到满足更大范围地区的电力可靠性。但是，包括回灌、废弃物处理在内的环保问题是地热能开发利用面临的最为迫切和棘手的问题。

从地热能利用的各类技术发展趋势来看，地热能热泵技术已较为成熟，下一步主要是解决地热能开发利用过程中出现的环境、生态等问题和进一步提高能效水平，同时，热泵技术正在广泛的参与到与太阳能热利用等多种能源互补的系统中，更好地满足某一地区的清洁化供暖。

总体来说，地热能技术开发成本仍然较高，根据 REN21 报告统计，闪蒸发电成本为 4~14 美分/（kW·h），有机朗肯循环发电成本为 7~24 美分/（kW·h）；地热能直接利用（建筑供暖）成本为 10~27 美分/（kW·h），地源热泵成本（COP 为

① 自然资源部中国地质调查局，《中国地热能发展报告 2018》，p.6–7，2018。

3~5）为 7~13 美分 /（kW・h）。

地热发电的技术进步主要是着力于提高发电效率和降低对地热高温资源的要求。采用双工质循环闪蒸技术，电厂可以提高效率；同时双工质循环技术可以有效降低对地热高温资源的要求，使更多地区具备开发地热发电项目的资源条件，地热发电变得更具灵活性和适应性，也更加具有吸引力。2015 年，全球新增的发电装机中，采用闪蒸技术的有 186MW，采用有机朗肯循环技术的有 129MW。由于地热发电项目建设一般需要花费 5~7 年，开发时间长，前期勘探风险大，资金投入量大，因此，政策的稳定性对地热发电发展也至关重要。

目前中低温地热发电的主要问题之一是成本高，钻井成本约占全部成本 60% 以上，利用油田伴生中低温地热发电可以较好地解决这一问题。仅在中国，石油钻井就有 20 多万口，只需对其中的部分探井稍加改造，即可用于地热开发，而且没有回注困难的问题。法、德、日、意、英等国家已经掌握了中低温地热发电关键技术，进入实际开发利用阶段。例如，美国阿拉斯加 Chena 电站的地热资源温度约在 70℃，目前已经成功稳定运行 6 年多，经济效益良好。

增强型地热系统领域，国际上仍普遍处于试验阶段，目前，部分国家已经建立一些 EGS 项目，选择在非火山活动区采用地热增强系统技术开发干热岩地热能。已有开展试验的项目包括[①]：美国的芬登山（Fenton Hill）、德国与法国启动的苏尔茨（Soultz）、澳大利亚的库伯盆地（Cooper Basin）、日本的雄胜（Ogachi）等。在增强型地热系统中，主要是用水作为工作介质，但一些发达国家也在尝试用其他工作介质，如二氧化碳，美国、澳大利亚等国已经开展了这方面的初步研究。美国在 EGS 领域处于全球领先地位，目前有 6 个在建 EGS 项目，试图在不同的技术层面进行探索和研究，包括发现新的地热田以及提高现有地热田开发程度，研发可靠的 EGS 开发方案和技术等，确保有可持续、足够高的产能（温度与流量），并能保证不会诱发地震灾害。[②] 此外，澳大利亚在 Habanero 开展了 1MW 发电装机的试点工作，欧洲的匈牙利、英国、瑞士等也开展了有关 EGS 项目的前期工作。[③]

① 数据来源：王晓星等，增强型地热系统开发技术研究进展，地球物理学进展，2012 年 2 月。

② http://www.cgs.gov.cn/cgjz/kczy/ywdongtai/20546.

③ http://www.elp.com/Electric-Light-Power-Newsletter/articles/2014/01/geothermal-energy-in-2013-expa.

8.4　主要地热开发及利用国家的支持政策

为支持地热能发展，欧美国家普遍通过立法及激励政策来推动地热能利用发展。美国制定了《1967 年加州地热法案》《1970 年联邦地热蒸汽法案》，明确地热能法律属性及所有权问题；冰岛政府制定《地下资源研究和利用法》《自然资源保护法》和《能源法》等一系列法律，理顺了地热能开发利用管理机制，保障地热能产业发展。欧美国家通过财税金融政策，引导地热能产业发展。冰岛、美国、日本、德国等国家均出台包括税收抵免在内的税收优惠政策，对地热能开发利用项目给予一定比例的财政补贴。美国《地热能源研究、开发与示范法》等法律规定，对符合当地利用条件的地热能等可再生能源项目提供贷款担保。欧美国家通过推动技术创新、加大科研经费投入等方式，推动地热能技术进步。2013 年，欧盟推出“地平线 2020”计划，投入 8 360 万欧元资助 11 项地热能研究项目，推动地热能增强型地热系统等前沿科技和关键技术攻关。2015 年，美国政府提供 1.4 亿美元设立 FORGE 项目，在水热型地热能勘探开发利用技术、增强型地热系统等方面开展了一系列攻关，有力促进了地热能勘探开发利用技术进步和产业发展。发展中国家通过吸引外资和先进技术开发地热能。如肯尼亚奥卡利亚地热田，通过广泛吸引包括中国、冰岛在内的国际合作和技术援助，实现对埋深为 2 200m 的 330℃水热型地热能的开发利用，为肯尼亚地热能发展打下良好基础。

9　海洋能

海洋能包括潮汐能、潮流能、波浪能、温差能、盐差能、海底地热能等。其中，潮汐能、波浪能是较早引起人们关注并加以开发的海洋能。

9.1　全球海洋能市场发展形势

目前，已知的海洋能源资源量非常丰富。据国际能源署海洋能源系统实施协议的有关数据，全球潮汐（及潮流）能理论资源量每年约可发电 7.8 万亿 kW · h，海浪能理论资源量每年约可发电 29.5 万亿 kW·h，温差能理论资源量每年约可发电 44 万亿 kW·h，盐差能理论资源量每年约可发电 1.65 万亿 kW·h。据国际能源署海洋能源系统实施协议的预测：到 2030 年，海洋能将吸引 1 万亿美元全球投资，创造 16 万个直接就业机会，并减排 17 亿 t 二氧化碳。到 2050 年，海洋能装机容量将达 748GW，将实现每年 1 943 亿 kW·h 发电能力。据统计，2018 年全球净新增 2MW 海洋能发电项目。[①] 截至 2018 年年底，全球海洋能装机容量 53.2 万 kW，[②] 其中大部分是潮汐能发电，其次是波浪能。目前已运行的主要海洋能项目包括：25.4 万 kW 的韩国始华湖潮汐能发电，24 万 kW 的法国朗斯潮汐能发电，2 万 kW 的加拿大安纳波利斯潮汐发电和我国江夏 3 900kW 的潮汐发电项目等。

海洋能资源潜力巨大，经过数十年的努力，全球多数海洋能项目仍然处于试点或者示范阶段。英国原计划在威尔士地区建设 32 万 kW 的潮汐电站，但在 2016 年年初英国政府决定重新审查潮汐电站的可行性和可操作性。荷兰在荷兰潮汐能测试中心安装了两台发电机组，并计划装机容量从 300kW 扩展到 2MW。位于苏格兰奥克尼地区（Orkney）的欧洲海洋能中心（European Marine Energy Center, EMEC）开展建设了一批示范机组，继续推进相应的示范和运行工作。包括法国 Alstom 公司开发的 1MW 潮汐汽轮机组已建成发电，德国 Voith 海洋能技术公司开发的 1MW 潮汐发电机组等，都代表了最新的潮汐发电技术。

根据欧洲委员会 2018 年对海洋电力的研究显示，该行业仍然高度依赖公共资金来吸引私人投资。虽然公共资金降低了私人投资者融资项目的风险，但持续的收入更为重要。截至 2018 年年底，全球海洋能项目投资超过 60 亿欧元（69 亿美元），其中 75%来自私人融资。

加拿大新斯科舍省的芬迪湾的 Cape Sharp Tidal 项目失败之后，加拿大政府宣布提供 2 190 万美元资金用于支持新的潮汐项目。

英国海洋能发电有较大进展。苏格兰的 MeyGen 6MW 潮汐流阵列是世界上最大的潮流能，自 2017 年以来已经安装了 4 台 1.5MW 的水平轴涡轮机。2018 年，该项目进入运行阶段，运营时间 25 年。目前 MeyGen 准备安装至少两台新的 2MW 涡轮机，为降低技术的平准化成本，将安装更大的发电机和转子直径，以及一条通用输出电缆。英国 MeyGen 公司在苏格兰彭特兰地区开发的 8.6 万 kW6 台潮汐发电机组

① REN21, “Renewable 2019 Global Status Report”, 2019.

② REN21, “Renewable 2019, Global Status Report”, 2019.

已经完成电缆铺设并预计陆续投入运行，这是总装机容量 39.8 万 kW 的第一期项目。Consent 公司在苏格兰路易斯地区（Lewis）的 4 万 kW 波浪能也已完成了项目融资，该地区是欧洲波浪能资源最好的地区。但是，英国原计划在威尔士塞文河口建设装机容量约为 800 万 kW、可满足英国 5% 电力需求的潮汐电站，尚需要政府进一步的支持。位于苏格兰奥克尼群岛的欧洲海洋能源中心（EMEC）Orbital Marine Power 继续成功测试其 2MW SR2000 双涡轮潮汐发电设备，测试第一年发电量超过 3GW·h。2018 年，Orbital Marine 准备在 2020 年之前在 EMEC 推出新型涡轮机（Orbital O2）。新设备将模仿原来设备的概念，一个 73m 长的浮动上层建筑，每侧支持两个 1MW 的涡轮机，但增加了新的功能，如 360° 叶片桨距控制，用于双向动力捕获。

在北威尔士海岸附近，瑞典的 Minesto 的“能量风筝”能够利用相对较低能量的潮汐流和洋流。与机翼集成的涡轮机，系绳装置以类似于空中风筝的方式操作。该装置能够通过比实际潮汐流更快地“飞行”来增强能量转换。

法国对港口进行维护和优化后，Sabella 的（法国）D10 涡轮机重新安装在布列塔尼海岸附近的 Fromveur 通道为 Ushant 岛供电。

2018 年，中国的潮汐能继续发展。在早期安装的小型涡轮机的基础上，浙江大学在扎罗山岛附近安装了一台 600kW 水平轴涡轮机，国电联合动力公司也在附近 300kW 涡轮机上进行了海上试验。杭州联合能源公司分别安装了 400kW 和 300kW 的垂直和水平轴涡轮机；截至 2018 年年底，该公司的总装机容量为 1.7MW。

2018 年，全球波浪能发电继续发展。2018 年，全球共有 90 多个潮汐能技术开发商，其中一半用于水平轴涡轮机。其他潮汐发电设备包括垂直轴涡轮机和潮汐风筝。至少有 200 家公司在开发波浪能各种类型的转换器，其中近 1/3 正在开发点吸收器件。其他突出的波浪功率类别包括衰减器、振荡水柱、振荡波浪涌转换器和超越 / 终止器设备。

澳大利亚波浪能开发商 Carnegie 开始实施政府支持计划，在西澳大利亚奥尔巴尼海岸部署第一个全尺寸 1.5MW 的 CETO 6 波能转换器，并获得了 Enel Green Power（意大利）的投资支持。

2018 年，美国继续为海洋能发电提供资金支持，特别是波浪能发电设备和相关技术。Ocean Energy（爱尔兰）在美国俄勒冈州建造了波浪能 OE 浮标。该装置长 38m，潜在输出功率为 1.25MW，将部署在太平洋夏威夷欧胡岛上的美国海军试验场。项目投资 1 200 万美元，部分资金来自美国能源部（DOE）与爱尔兰可持续能源管理局之间的合作协议。

中国正在测试一个 260kW 的浮动混合海水淡化平台，该平台由 200kW 波浪能和 60kW 太阳能光伏组成，并通过海底电缆连接到万山岛电网。

在西班牙的比斯开海洋能源平台（BiMEP），Oceantec（现为西班牙 IDOM 集团的一部分）重新部署其 MARMOK-A-5 波浪发电装置，用于第二阶段的海上试验。升级后的设备采用由 Kymaner（葡萄牙）开发的双径向涡轮机，由波浪引起的压缩空气驱动，这种技术称为振荡水柱。

2018 年，欧盟委员会公布了海洋电力实施计划，分析了到 2025 年和 2030 年欧洲潮汐和波浪发电技术商业化的必要步骤、时间表和预计资金需求。2018—2030 年，预计需要 12 亿欧元（14 亿美元）的资金才能实现海洋能技术商业化，其中 1/3 资金来自工业 / 私募股权、国家和区域计划以及欧盟基金（主要是地平线 2020）。

9.2 全球海洋能技术发展趋势

包括潮汐能、潮流能、波浪能、温差能、盐差能、海底地热能、海藻生物质能等海洋能利用技术处于不同成熟化阶段。其中，潮汐能发电技术较为成熟，技术领先国家已有一批具有代表性的商业化应用项目；潮流能、波浪能发电技术创新研发活跃，多种技术形成竞争局面，发展进程快速；温差能、盐差能仍处于理论研究和初试阶段，海底地热能和海藻生物质能则是近年刚提出的海洋能应用领域。近年来，随着英国、美国等海洋强国持续加大对海洋能技术研发应用及其示范的资金投入和政策支持力度，大型跨国能源和制造业巨头也开始进军海洋能领域，国际海洋能技术取得了一系列重要进展，海洋能技术在边远海岛、深远海、海底等目标领域的供电及综合利用逐步成为现实。

（1）潮汐发电的工作原理和一般水力发电原理相近，可利用成熟的水力涡轮发电机。大型潮汐能低水头、全贯流发电技术趋于成熟，促进了国际大型潮汐电站快速发展，市场竞争性显著提高，由于不受洪水、枯水期等水文因素影响，开发利用潮汐能的社会效益和经济效益已显露出来。目前，技术领先的主要是英国、法国、韩国。

（2）潮流发电装置包括水平轴、垂直轴等多种型式，水平轴型式（“水下风车”）逐渐成为主流，目前单机容量已超过 1MW。由于海水的密度是空气的 832 倍，故单机容量相同时，水平轴潮流发电装置的转轮尺寸比风电机组小很多，潮流发电场占地面积仅为相同装机容量风电场的 1/200，具有一定的优势。

近年来潮流能技术发展迅猛。由英国 MCT 公司研究的希根（SeaGen）潮流能装置具有里程碑式的意义，该装置装机容量达 1 200kW，于 2008 年开始并网试运行。爱尔兰水动力（Openhydro）公司开发的潮流能涡轮发电装置 2006 年在欧洲海洋能测试中心（EMEC）成功进行了测试。英国威尔士潮流能（Tidal Energy）公司最新研发了德塔（Delta stream）潮流能装置，总装机容量为 1 200kW，并在塞文（Seven）河口周边海域进行为期两年的实海况实验。

（3）波浪能发电技术趋于多样化，发电装置已经超过 200 种，主要分为 5 种类型：振荡水柱式、摆式、振荡浮子式、筏式、收缩坡道式。单机容量从 1985 年的 100kW 发展到 2008 年的 750kW（挪威 1985 年建成 500kW 多共振振荡水柱式电站，运行至 1988 年；1986 年建成 350kW 收缩道聚波水库式电站，运行至 1991 年）。美国、英国、挪威、葡萄牙等国的技术和应用规模居世界领先地位。欧洲的波浪能发电技术整体居于领先地位，包括采用振荡水柱式技术的英国 LIMPET 公司 500kW 固定式电站和葡萄牙 400kW 固定式电站、采用筏式波浪能利用技术的英国 Pelamis（海蛇）波能装置、葡萄牙的 21MWAgucadoura 波浪能装置等。

（4）温差能。由于海洋热能转换在热带海域及其与海水淡化有密切关系，这种技术具有显著的研发潜力。自 20 世纪 80 年代以来，国际社会一直在研究更复杂的热传递和转换方法，美国、日本、荷兰、法国、英国、印度都在研究设计万千瓦或十万千瓦级的温差能电站，目前只有少数试点项目已经启动。

（5）盐差能、海底地热能、海藻生物质能的开发利用仍处于实验室研究阶段。

随着关键技术和装备的不断突破，海洋能大型化、工业规模化趋势越来越明显，百兆瓦及实验装置不断商业化，成本呈现下降趋势。欧美制定了推动海洋能成本下降目标，美国能源技术部（DOE）制定了到 2030 年波浪能技术均化发电成本下降至 0.84 美元 /（kW · h），潮流能技术均化发电成本降至 0.58 美元 /（kW · h）。欧盟在 2016 年出台了一揽子政策和计划，提出到 2025 年潮流能技术发电成本下降至 15 欧分 /（kW · h），波浪能技术下降至 20 欧分 /（kW · h）；到 2030 年分别下降至 10 欧分 /（kW · h）和 15 欧分 /（kW · h）；到 2035 年波浪能技术发电成本下降至 10 欧分 /（kW · h）；海洋能发电到 2025 年将满足欧洲 10% 的电力需求。但海洋能技术开发成本仍然较高，2015 年 5 月，IEA 下属的海洋能源系统实施协议（OES-IA）发布了“国际海洋能技术均化发电成本”研究报告，报告认为目前国际海洋能技术仍处于初级阶段。其中，波浪能、潮流能、温差能发电装置的建造成本分别为 11 000 美元 /kW、9 850 美元 /kW、35 000 美元 /kW；2020 年后，建造成本将下降到 5 900 美元 /kW、4 450 美元 /kW、10 000 美元 /kW，LCOE 中值将下降到 29.5 美分 /（kW・h）、20.5 美分 /（kW・h）、21.5 美分 /（kW・h）。未来一段时间，潮流能技术发展重点在于提高兆瓦级潮流能发电技术稳定性和可靠性，积累更大规模的潮流能发电场建设及运行经验；波浪能尚未有突破性进展，需要在装置研发及示范运行商投入较多；温差能需要积累更多的示范电站经验。总体来说，随着国际海洋能技术逐渐成熟，海洋能装置的总体成本将会快速下降。

9.3 海洋能开发及利用主要国家的发展情况

目前世界上共有近 30 个沿海国家在开发海洋能。英国在海洋能开发技术上世界领先。美国、韩国、日本、加拿大、挪威、澳大利亚和丹麦也有很多海洋能装置正在开发，并已有一些代表性项目。

英国 英国在世界海洋能开发利用领域处于领导者地位，特别体现在潮流能和波浪能利用技术上，波浪能装机容量近 4 万 kW。随着 20 世纪 80 年代以来保护生物多样性研究的发展，关于在江河上和海湾口修建大坝会影响生物多样性、危害上游濒危珍稀生物的舆论甚嚣尘上。自 90 年代中期起，英国另辟蹊径，开始不采用建大坝的潮汐能利用方式，即潮流发电技术，并获得快速发展。2008 年，英国 MCT 涡轮机装配了 1.2MW 的 SeaGen 机组，通过潮汐围栏发电，是第一台商用潮汐涡轮机。2010 年，Atlantis 资源公司装配了 1MW AK1000 的涡轮机，代表了世界先进技术水平。英国也是最早研究开发波浪能发电的国家，波浪能技术发展可追溯到 20 世纪 70 年代。2014 年，爱丁堡大学开发了能够模拟真实海洋环境的模拟设施，用于评估海洋能开发的技术风险和成本。目前，英国有 28 家公司在研制和开发波浪能技术，并引领着世界波浪能利用技术发展方向。[①] 2018 年，苏格兰海岸也正在部署潮汐涡轮机。

韩国 韩国潮汐能利用技术发展迅速，已成为海洋能利用第二梯队的国家之一，海洋能开发完成了起步过程，进入良性循环的发展阶段，目前总装机容量约 30 万 kW。[②] 韩国对海洋能实行差别化的政策和投资形式。对技术成熟的潮汐发电，由企业出资，

① 英国外交联邦事务部 . 英中海洋能技术合作：波能和潮汐能状况报告 . 2012 年 4 月。

② 中国可再生能源学会海洋能专业委员会，《韩国海洋能开发利用现状考察报告》，2012。

积极开展大中型潮汐电站的研究和建设工作；而对处于预商业化初期的潮流能和波浪能发电，一方面由政府支持科研院校开展基础技术研发，另一方面选择相对难度较小、可靠性较高的技术，由企业出资、政府资助建设示范项目，边研发，边建设，边试验，互为支撑。韩国始华湖潮汐能发电站 2011 年 8 月正式运营，是当今世界上规模最大的潮汐能发电站。该电站安装在始华湖防潮堤上，总装机容量 25.4 万 kW，年发电量 5.5 亿 kW·h。此外，韩国还计划在加露林湾和仁川湾建设装机容量分别达到 48 万 kW 和 100 万 kW 的两个潮汐能发电站，仁川湾发电站已于 2012 年 6 月起开始建设。2013 年初发布的国家第六期电力计划（The Country's 6th Electricity Plan）提出建设 81 万 kW 的 Ganwha 和 52 万 kW 的 Garorim 潮汐能电站，但公众以影响生态为由反对这两个电站的建设。[①]

法国　法国建设了多个海洋能测试中心，用于海洋能并网测试。2018 年，有 3 个波浪能示范项目进行测试。法国国家科研署自 2015—2017 年共启动了 21 个海洋可再生能源联合研发项目。项目主要包括 1MW 潮流能转换项目、潮流能涡轮机项目及智能社区能源项目。其中，智能社区能源项目用于改善岛屿及偏远地区能源生产、存储及消耗问题，由“欧洲地区发展基金”出资支持，在布列塔尼的外桑岛开展潮流能示范项目，项目建设周期为 2017—2020 年。

加拿大　加拿大对海洋能开发开展了一系列研究并建立了多个海上试验场。阿卡迪亚潮流能研究所（ATEI）开展了多项潮流能研究，启动了“潮流能环境监测、建模与预测基础设施”项目，为海上安装作业提供数据等。加拿大维多利亚大学集成能源系统研究所开展了波浪能前沿技术研究和开发，目前完成了高分辨率海浪资源评估、波浪能转换器详细技术模拟，以及短期与长期电力系统的整合研究。加拿大海上能源研究协会与加拿大自然资源部和新斯科舍省能源部于 2017 年开展了资助环境效应监测、海洋作业和降低成本技术等领域的 5 个合作研究项目。加拿大海洋能资源丰富，通过建立海上试验场推动各类海洋能技术的开发与应用。芬迪湾海洋能源研究中心位于新斯科舍省的芬迪湾，是加拿大潮流能源领域中顶尖的研究中心。自 2009 年以来，该中心已开展了基线环境研究、环境效应监测和应用研究等。加拿大北大西洋大学的波浪环境研究中心主要开展新型岸基水产养殖的波浪能供电研究。2017 年，该中心开展了波浪泵海上试验，旨在为岸上水产养殖场提供海水流。加拿大安纳波利斯潮汐电站 1984 年投入运行，是北美唯一一家商业化潮汐能电站。2017

① Renewables 2013, Global status report.

年 6 月，该公司对涡轮机进行了检修，对涡轮控制中心改造升级。

中国 中国已建成的潮汐能电站代表仍是江夏试验电站，其他海洋能技术处于研发阶段。自 2010 年中国启动“海洋可再生能源专项基金”项目以来，先后支持了“乳山口 4 万 kW 级潮汐电站站址勘察及工程预可研”项目、“福建沙涅港八尺门万千瓦潮汐电站站址勘察及工程预可研”项目、“厦门马銮湾万千瓦级潮汐电站建设的站址勘察、选划及工程预可研”项目和“利用海湾内外潮波相位差进行潮汐能发电的环境友好型潮汐能利用方式的可行性研究”项目。2015 年 9 月，福建三沙湾潮波相位差潮汐能发电技术通过了国家海洋局科技司组织的验收；中国海洋大学承担的“福建沙埕港八尺门万千瓦级潮汐电站站址勘查及工程预可研”通过国家评审；中科院广州所基于鹰式技术开展的“南海海岛海洋能独立电力系统示范工程”累计发电时间超过 36 个月，累计发电 208 万 kW · h。2016 年 12 月，国家海洋局印发了《海洋可再生能源发展“十三五”规划》，明确提出到 2020 年，建设兆瓦级潮流能并网示范基地及 500kW 级波浪能示范基地，启动万千瓦级潮汐能示范工程建设，全国海洋能总装机容量超过 50 000kW，建设 5 个以上海岛海洋能与风能、太阳能等可再生能源多能互补独立电力系统，海洋能开发利用水平步入国际先进行列。

9.4 海洋能开发及利用主要国家的支持政策

美国 美国通过律法、强制性政策推动可再生能源发展，并制定了税收优惠、生产补贴、信托基金和低息贷款等多种激励政策，积极培育市场。美国在《2005 年能源政策法案》中增加了海洋可再生能源（包括波浪和潮流能发电）。2007 年，美国能源部第二次提出修改《国家海洋和水动力战略》草案。这一战略覆盖时间到 2035 年，每 4~5 年更新 1 次，以及时反馈该行业所面临的研究需求、优先事项以及挑战。2010 年，美国能源部投入 4 000 万美元用于海洋发电技术研发，并计划在未来 15~20 年为波浪能和潮流能发电提供 1 720 亿美元资助。2017 年，美国参议员提交了推动美国海洋能发展（波浪、潮流和潮汐能）的法律草案。海洋能源法将重新授权美国能源部开展海洋可再生能源项目（2018—2022 年）。美国设立了可再生能源鼓励基金（REPI），对经过专门机构认定的海洋可再生能源电力系统提供 1.5 美分 /（kW · h）的补贴。美国还通过清洁可再生能源债券激励可再生能源发展。根据《2009 年美国复苏和再投资法案》，美国政府为风电、太阳能、海洋能等可再生能源产业提供 16 亿美元贷款。

英国 英国在2012年发布了“可再生能源发展路线图”并提出，到2020年可再生能源将满足15%的电力需求，其中海洋能占比5%。为此，英国出台了多种支持政策和措施推动海洋能发展。2000—2015年，英国共投入超过2.5亿英镑公共资金推动海洋能产业发展。从海洋能基础理论研究，关键技术研发，海上试验，示范运行，到阵列化应用，财政资金给予了全链条式的支持。包括设立Supergen计划支持海洋能基础研究，通过碳基金设立MRPF海试基金支持海洋能发电装置开展海试验证，设立MRDF示范基金支持海洋能装置示范运行，通过MEAD阵列示范基金支持海洋能装置阵列化示范。2003年，英国颁布了可再生能源义务法令，确定以可再生能源义务（RO）作为政府支持可再生能源的主要机制。《可再生能源义务法令2009》规定，波浪能和潮流能等新兴可再生能源技术将从资本补助和其他政策中获得支持，新能源技术研究所和环境改革基金为其提供资金支持。与陆上风电和水电每兆瓦申请1单位ROC相比，波浪能和潮流能发电仅需1/2MW就可申请1单位ROC。随后，英国通过电力市场改革，将可再生能源义务政策（RO）转向差价合约（CfD）政策，2013年12月开始，在CfD政策机制下，对装机容量不足30MW的海洋能电站给予305英镑/（MW·h）的固定电价，远高于其他可再生能源的固定电价。

加拿大 加拿大2011年发布了《加拿大海洋可再生能源技术路线图》，是推动波浪能、潮流能发展的主要战略与行动计划。加拿大各地正在开展各种海洋可再生能源的研究与项目开发，其重点仍聚集于新斯科舍省大西洋沿岸的潮流能开发。加拿大部分省份制定了海洋能发展战略推动相关的创新与产业发展，新斯科舍省于2012年发布了《海洋可再生能源战略》，不列颠哥伦比亚省制定了《海洋可再生能源发展路线图》。加拿大部分地区制定了推动海洋能发展法案，新斯科舍省政府于2015年制定了《海洋可再生能源法案》，2017年对该法案进行了修正，旨在允许在芬迪湾的其他海域实施潮流能技术论证。为支持产业发展并将加拿大的供应商与海洋能可再生能源开发相连接，加拿大海洋可再生能源协会于2016年启动了供应商数据库，该数据库可与当地、全国乃至全球范围内将加拿大拥有的相关专业技术知识与波浪能、潮汐能发电发展需求相结合。加拿大还从财税金融方面给予支持，制定了自然资源清洁增长计划，预算为1.55亿加元，投资年限4年以上，用于扶持清洁技术的研究、开发与论证；制定了新兴可再生能源发电计划，预算为2亿加元，投资年限5年以上，用于支持还未进入商业化阶段的新兴可再生能源技术；制定了农村与偏远地区的清洁能源计划，预算约2.2亿加元，投资年限6年以上，通过资助可持续能源技术装备研发，减少农村和偏远地区以及企业对传统能源的依赖。

10 储能

10.1 全球储能市场形势

根据中关村储能产业技术联盟（CNESA）全球储能项目库的不完全统计，截至2018年年底，全球已投运储能项目累计装机容量为181GW，其中抽水蓄能累计装机容量为170.7GW，电化学储能装机容量为6.6GW。在各类电化学储能技术中，锂离子电池的累计装机容量最大为5.7GW。2018年，新增电化学储能项目主要集中在韩国、中国、英国和美国，4国合计占到总新增量的80%以上。2018年用户侧仍然是电化学储能主要应用领域，其次为可再生能源并网以及电力辅助服务（图10-1）。

另据美国能源部统计，2018年全球新投运电化学储能装机量3.6GW，新增项目主要集中在韩国、中国、英国、美国、澳大利亚，德国、日本、比利时、瑞士和加拿大，10国合计储能装机容量占2018年全球新增总装机容量的95.8%。与2017年相比，韩国、中国、英国、日本4国无论在新增装机容量绝对量还是在排名上都有明显上升，尤其韩国2018年新增储能装机容量超过1.5GW，占全球新增装机容量比重43%，远超其他国家（图10-2）。

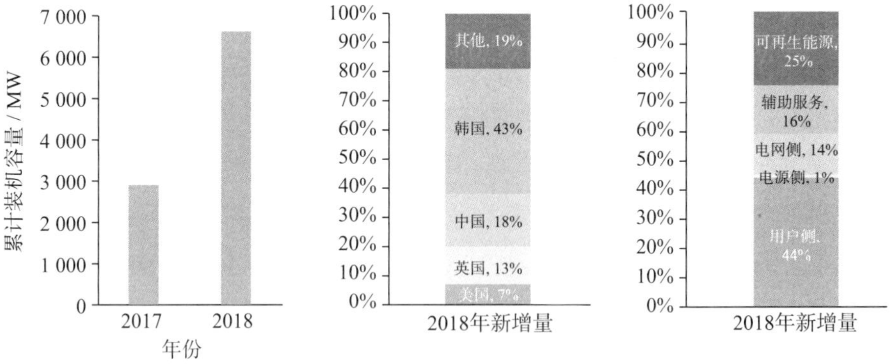

图 10-1 2018 年全球新增及累计电化学储能规模

资料来源：中关村储能产业技术联盟。

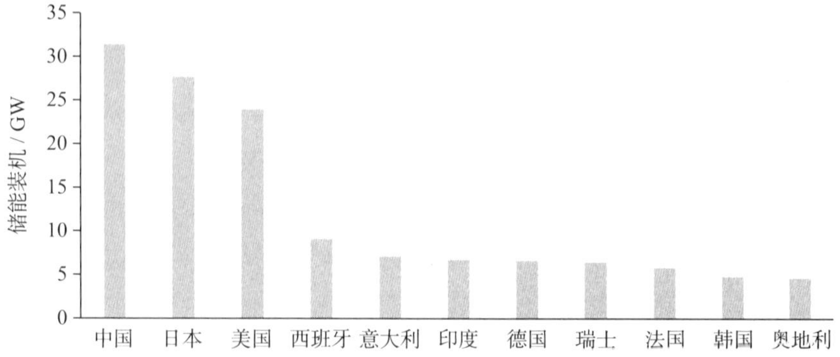

图 10-2 全球主要开发及利用储能国家抽水蓄能及电化学储能装机量

资料来源：美国能源部。

经济性方面，在各类电化学储能技术中，锂离子电池成本下降尤为显著。受电动汽车产业推动，2010—2018 年，锂电池成本包成本下降 85%；近 5 年成本下降 70%。成本的快速下降有力推动了全球范围内电化学储能装机规模。在澳大利亚，光伏储能平准化发电成本已开始能够与燃气调峰机组竞争；美国西南部光伏储能项目的可调度发电平准化成本在 2022 年达到 50 美元 /（MW · h），低于届时天然气联合循环发电成本；加州公共事业委员会（CPUC）也于 2018 年 1 月批准公共事业公司 PG&E 建设 567.5MW/2.27GW · h 储能替代现有三个燃气调峰电站（图 10-3）。

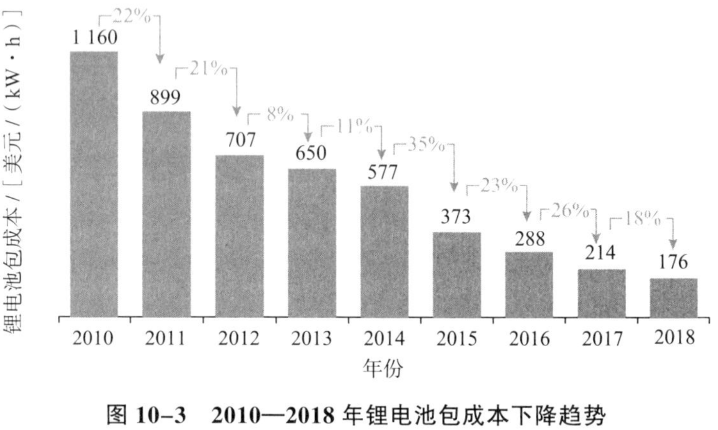

图 10-3 2010—2018 年锂电池包成本下降趋势

资料来源：彭博新能源财经。

10.2 主要储能开发及利用国家的储能进展

英国 近年来英国储能市场增速明显，连续两年位列欧洲储能新增装机第一，截至 2019 年 6 月，英国已部署 700MW 大型电池储能系统，另有近 800MW 储能项目处于在建和规划阶段。英国储能项目应用场景主要包括混合调频（Firm Frequency Response, FFR）、独立调频（Enhanced Frequency Response, EFR）、电价套利（Arbitrage）以及参与容量市场（Capacity Market），其中混合调频是主要的收益方式，但其价格波动很大，合约期很短，收益不确定性较高。电价套利和容量市场可以签订长期的合约，这也保证了项目更容易去融资，是一个相对稳定，但收益并不是很高的一个应用领域。需注意的是，2018 年 11 月欧洲法院暂停了英国容量市场拍卖，未来的拍卖被无限期推延，对英国储能市场带来一定打击，部分企业的收入下降，并因此暂停了对新储能项目的开发。

德国 德国储能市场以电网级储能和户用储能应用为主。尤其是户用储能，不论在市场规模还是在商业模式都引领了全球户用储能市场的发展。截至 2018 年年底，德国户用储能累计安装量达到 12 万套，预计 2021 年户用储能规模将达到德国储能装机总量的 50%。

德国家庭储能系统的迅猛发展得益于其灵活多样，具有市场吸引力的各种商业模式。德国的许多住宅储能系统销售基于“现金销售”的商业模式，为了降低上网电价（FiT）和电力零售价格，用户越来越倾向于光伏 + 储能等分布式能源自发自用模式，而非购买电网电力。德国户用光伏往往能满足自身 90% 的用电需求，且越来越多用户通过基于社区的虚拟电厂共享储能服务，同时也对电网企业运营带来冲击。

澳大利亚 澳大利亚通过建设电网级储能电站，提高了电网的安全性和适应性。Tesla 建设的 Hornsdale 电能储蓄中心迅速响应南澳大利亚州 Loy Yang 燃煤发电厂故障脱网事故，储能电站在 140ms 内启动，为全国电力主干网增加出力 100MW。作为电网级电池储能中心，Hornsdale 在 2018 年就减少电网辅助服务费用 5 000 万澳元（约合 2.4 亿元人民币）。除 Hornsdale 电能储蓄中心以外，澳大利亚还在南澳大利亚州的 Dalrymple、维多利亚州的 Ballarat 和 Gannawarra 以及北领地的 Alice Springs 建设了储能电站，总规模达到 190MW。

澳大利亚政府也大力推动户用光伏系统中储能电池的安装。南澳大利亚州政府在2018年率先引入“家用电池计划”（Home Battery Scheme）。该计划将耗资1.8亿澳元（约合8.5亿元人民币），通过清洁能源金融公司（Clean Energy Finance Corporation）以低息贷款或返还款的形式帮助住宅用户购买户用光伏系统所需电池或者匹配电池容量所需光伏组件。

韩国　韩国在强力政策刺激下连续第2年成为全球最大的储能市场。2017年12月20日，韩国宣布了2030年可再生能源计划，拟将可再生能源的比例从如今的7%提高到2030年的20%，即目标是到2030年要达到63.8GW的可再生能源装机容量，而目前仅为15.1GW。2017年18家发电公司（装机容量超过500MW）被要求到2023年需提供其发电量10%的新能源与可再生能源，而配有储能的风光电站的发电量可以获得4~5倍的可再生能源证书，这极大地推动了可再生能源端储能的应用。

尽管韩国的储能项目部署实现了快速增长，但自2017—2019年2月，该国储能电站发生且被正式记录在案的火灾事件已经高达21起，安全问题已成为韩国储能行业关注的最大“焦点”。在韩国近期发生的23起储能事故中，LG化学12起，三星SDI 8起，其他厂商3起；其中有14起发生在充电后，6起发生在充放电过程中，3起发生在安装和施工途中。目前，在韩国1 490个储能项目中，有522个已经被关闭，其余的需待检修确认后才可重新启用。储能电站火灾事故频发引起韩国社会忧虑，导致新储能项目的审批变得艰难，项目建设的保险费率的大幅度提升使项目开发成本大幅增长。

日本　2018年日本新增储能项目主要集中在工商业用户侧和户用储能领域。新一轮电力市场改革将放开零售侧，电力公司也开始寻求更多样化的业务模式来增强自身竞争力，能源服务商可以售电给电池储能系统，电池储能可以提供辅助服务。电网公司今后可以不再自己投资电池设备，而是向供应商购买辅助服务。

作为推动可再生能源零售业务的一部分，东京电力公司将为其用户推出家庭太阳能发电和电池储能系统，并推出的“TRENDE”计划，包括通过向其客户提供太阳能光伏电池储能装置为其家庭创建“分布式能源平台”。日本政府对此的补贴约占家庭电池储能系统成本的1/3。

2018年2月，日本中部电力公司宣布与丰田汽车达成合作，回收丰田电动汽车（混动车和电动车）旧电池，建立一个大容量蓄电池系统，把退役的镍氢电池和锂离子电池结合在一起，可用来调整中部电力公司配电系统的能量供需平衡、管理频率波动和电压波动，预计该项目2020财年该电池系统发电功率将达到10MW。

日本迄今为止最大规模的太阳能配储能项目为日本软银旗下可再生能源子公司 SB Energy 与三菱日联租赁株式会社计划在日本北海道建造 102.3MW 太阳能光伏项目并搭配 27MW·h 储能系统，预计在 2020 年开始运行，届时可满足 27 967 户居民的用电需求。

美国 2018 年美国储能市场增速平稳，虽然新投运规模落后于韩国、中国、英国，但 1.5GW 新增规划 / 在建储能规模遥遥领先其他国家。美国储能项目的新增投运规模虽然低于欧洲与亚太地区，但美国已在制定实施储能参与电力市场规则方面已经取得良好的进展，并且州政府也逐渐加大了对储能发展的支持力度。2018 年，美国联邦能源管理委员会（FERC）出台的 841 号法令要求各个区域电网运营商调整市场规则，以更好接纳储能。841 号法令主要内容包括：储能系统有资格提供资源在技术上能够提供的所有容量、能源和辅助服务；RTO/ISO 必须通过招标参数或其他方式考虑电力储能资源的物理和运行特性；RTO/ISO 最小规模要求不超过 100kW；储能将支付批发能源边际价格（LMP）来收取能源费用。预计 841 号法令的实施将在美国独立系统运营商（ISO）和区域传输组织（RTO）运营的容量、能源和辅助服务市场中释放大约有 7 000MW（或 20 000MW·h）具有成本竞争力的储能容量。

加拿大 加拿大储能项目多分布于安大略省，其主要驱动力来自该省推行的 Global Adjustment Charge 电费政策，该政策每月向工商业及居民用户征收基于分时计价的用电费用，用于弥补可再生能源发电、核电、天然气发电设备长期合约价格与电力市场现货市场差价。电力用户安装储能设备后可显著降低 Global Adjustment Charge 费用。2018 年工商业领域储能规模占加拿大新增储能投运总规模的 75.5%，另有 100MW 此类储能项目处于规划 / 在建阶段。预计该模式将是安大略省储能最主要的商业应用方式，并有望在其他省得到复制。

附　录

附录一　一次能源消费量排名前30位的国家及地区

单位：Mt油当量

序号	国家（地区）＼年份	2009	2010	2011	2012	2013	2014	2015	2016	2017	2018	2018年同比/%
1	中国	2 330.1	2 491.6	2 690.5	2 799.5	2 907.5	2 974.7	3 009.6	3 047.1	3 139.0	**3 273.5**	4
2	美国	2 148.7	2 223.3	2 204.1	2 148.5	2 208.0	2 232.9	2 213.2	2 212.7	2 222.5	**2 300.6**	4
3	印度	514.3	539.2	571.4	601.0	624.5	667.5	689.8	719.3	750.1	**809.2**	8
4	俄罗斯联邦	643.2	669.3	691.8	693.8	685.5	688.3	675.4	690.5	694.3	**720.7**	4
5	日本	473.1	504.7	479.1	475.7	472.3	460.3	453.3	450.8	455.2	**454.1**	0
6	加拿大	304.9	312.0	327.2	324.7	337.0	341.8	339.0	338.2	343.7	**344.4**	0
7	德国	315.1	327.9	316.1	320.5	329.8	316.4	322.5	328.1	333.9	**323.9**	−3
8	韩国	242.6	261.3	273.4	276.3	276.7	279.5	285.3	292.2	297.1	**301.0**	1
9	巴西	238.6	263.1	275.8	281.3	292.4	299.4	295.9	289.4	293.9	**297.6**	1
10	伊朗	212.7	213.4	224.9	226.2	237.9	249.0	249.2	257.2	272.0	**285.7**	5
11	沙特阿拉伯	194.3	213.0	219.8	233.1	234.0	250.8	259.0	262.2	262.8	**259.2**	−1
12	法国	248.0	256.0	246.9	247.3	250.1	240.4	241.9	238.4	237.5	**242.6**	2
13	英国	209.4	214.6	202.2	204.8	204.1	192.5	195.1	193.5	193.2	**192.3**	0
14	墨西哥	169.5	174.6	183.1	184.2	185.0	184.1	184.0	186.4	189.3	**186.9**	−1
15	印度尼西亚	137.6	151.1	164.6	173.4	178.2	167.2	165.7	170.2	176.9	**185.5**	5
16	意大利	169.2	174.4	170.5	165.8	158.2	149.7	153.1	154.7	156.3	**154.5**	−1
17	土耳其	102.2	107.6	115.1	122.3	121.5	125.4	137.2	144.6	152.7	**153.5**	1
18	澳大利亚	131.4	131.9	136.4	134.6	135.3	137.5	139.2	142.1	140.5	**144.3**	3
19	西班牙	143.4	146.5	143.9	143.2	135.9	133.5	135.4	136.9	138.8	**141.4**	2

序号	年份 国家（地区）	2009	2010	2011	2012	2013	2014	2015	2016	2017	2018	2018 年同比/%
20	泰国	98.5	104.8	108.9	116.5	118.3	121.6	124.7	127.3	130.2	**133.0**	2
21	南非	125.1	126.3	124.6	122.7	123.2	124.8	121.9	123.9	121.8	**121.5**	0
22	中国台湾地区	104.7	110.9	109.3	109.1	111.1	113.8	112.9	115.0	117.0	**118.4**	1
23	阿拉伯联合酋长国	80.0	83.8	88.4	92.8	97.8	97.4	107.1	111.1	109.0	**112.2**	3
24	波兰	93.9	100.0	100.5	97.5	97.8	94.2	95.2	99.4	103.4	**105.2**	2
25	马来西亚	77.7	80.1	82.9	89.0	93.1	93.6	95.1	96.6	96.7	**99.3**	3
26	埃及	74.6	78.4	79.7	83.8	83.2	83.0	85.3	89.9	92.6	**94.5**	2
27	新加坡	63.8	68.6	71.3	71.6	73.6	75.8	80.6	83.8	86.5	**87.6**	1
28	越南	39.4	44.6	51.0	53.4	57.2	62.6	69.1	73.9	75.8	**85.8**	13
29	阿根廷	73.3	77.2	78.7	81.0	84.5	84.1	86.1	85.9	86.1	**85.1**	−1
30	巴基斯坦	63.2	63.4	63.5	64.1	64.9	66.9	70.4	76.6	81.0	**85.0**	5
全球合计		**11 540.3**	**12 099.9**	**12 403.7**	**12 575.5**	**12 819.4**	**12 939.8**	**13 045.6**	**13 228.6**	**13 474.6**	**13 864.9**	**2.9**

资料来源：BP，世界能源统计 2019，2019 年 6 月。

附录二　2018 年主要能源消费国家及地区分品种一次能源消费量

单位：Mt 油当量

序号	国家（地区）＼品种	石油	天然气	煤炭	核能	水电	非水可再生能源	合计
1	中国	641.2	243.3	1 906.7	66.6	272.1	143.5	**3 273.5**
2	美国	919.7	702.6	317.0	192.2	65.3	103.8	**2 300.6**
3	印度	239.1	49.9	452.2	8.8	31.6	27.5	**809.2**
4	俄罗斯联邦	152.3	390.8	88.0	46.3	43.0	0.3	**720.7**
5	日本	182.4	99.5	117.5	11.1	18.3	25.4	**454.1**
6	加拿大	110.0	99.5	14.4	22.6	87.6	10.3	**344.4**
7	德国	113.2	75.9	66.4	17.2	3.8	47.3	**323.9**
8	韩国	128.9	48.1	88.2	30.2	0.7	5.0	**301.0**
9	巴西	135.9	30.9	15.9	3.5	87.7	23.6	**297.6**
10	伊朗	86.2	193.9	1.5	1.6	2.4	0.1	**285.7**
11	沙特阿拉伯	162.6	96.4	0.1	—	—	—	**259.2**
12	法国	78.9	36.7	8.4	93.5	14.5	10.6	**242.6**
13	英国	77.0	67.8	7.6	14.7	1.2	23.9	**192.3**
14	墨西哥	82.8	77.0	11.9	3.1	7.3	4.8	**186.9**
15	印度尼西亚	83.4	33.5	61.6	—	3.7	3.3	**185.5**
16	意大利	60.8	59.5	8.9	—	10.4	14.9	**154.5**
17	土耳其	48.6	40.7	42.3	—	13.5	8.5	**153.5**
18	澳大利亚	53.3	35.6	44.3	—	3.9	7.2	**144.3**
19	西班牙	66.6	27.1	11.1	12.6	8.0	16.0	**141.4**
20	泰国	65.8	42.9	18.5	—	1.7	4.0	**133.0**
21	南非	26.3	3.7	86.0	2.5	0.2	2.8	**121.5**
22	中国台湾地区	50.0	20.3	39.3	6.3	1.0	1.5	**118.4**
23	阿拉伯联合酋长国	45.1	65.8	1.1	—	—	0.2	**112.2**
24	波兰	32.8	17.0	50.5	—	0.4	4.4	**105.2**
25	马来西亚	36.9	35.5	21.1	—	5.5	0.3	**99.3**
26	埃及	36.7	51.2	2.8	—	3.1	0.8	**94.5**
27	新加坡	75.8	10.6	0.9	—	—	0.3	**87.6**
28	越南	24.9	8.3	34.3	—	18.3	0.1	**85.8**
29	阿根廷	30.1	41.9	1.2	1.6	9.4	0.9	**85.1**
30	巴基斯坦	24.3	37.5	11.6	2.2	8.1	1.2	**85.0**
全球合计		**4 662.1**	**3 309.4**	**3 772.1**	**611.3**	**948.8**	**561.3**	**13 864.9**

资料来源：BP，世界能源统计 2019，2019 年 6 月。

附录三　总发电量排名前 20 位的国家及地区

单位：TW · h

序号	国家（地区）\ 年份	2009	2010	2011	2012	2013	2014	2015	2016	2017	2018	2018 年同比 / %	2018 年占全球比例 / %
1	中国	3 714.7	4 207.2	4 713.0	4 987.6	5 431.6	5 649.6	5 814.6	6 133.2	6 604.5	**7 111.8**	8	27
2	美国	4 206.5	4 394.3	4 363.4	4 310.6	4 330.3	4 363.3	4 348.7	4 347.9	4 302.5	**4 460.8**	4	17
3	印度	879.7	9 37.5	1 034.0	1 091.8	1 146.1	1 262.2	1 317.3	1 401.7	1 470.3	**1 561.1**	6	6
4	俄罗斯联邦	993.1	1 038.0	1 054.9	1 069.3	1 059.1	1 064.2	1 067.5	1 091.0	1 089.6	**1 110.8**	2	4
5	日本	1 114.0	1156.0	1104.2	1 106.9	1 087.8	1 062.7	1 030.1	1 042.1	1 050.1	**1 051.6**	0	4
6	加拿大	614.0	606.9	638.3	636.5	662.5	660.5	663.7	663.9	662.7	**654.4**	–1	2
7	德国	595.6	633.1	613.1	630.1	638.7	627.8	648.1	650.7	653.7	**648.7**	–1	2
8	韩国	452.4	495.0	517.6	531.2	537.2	540.4	547.8	561.0	576.4	**594.3**	3	2
9	巴西	466.2	515.8	531.8	552.5	570.8	590.5	581.2	578.9	588.0	**588.0**	0	2
10	法国	535.9	569.3	565.0	564.5	573.8	564.2	570.3	556.2	554.1	**574.2**	4	2
11	沙特阿拉伯	229.2	251.4	262.2	284.7	299.3	333.7	359.7	370.4	382.1	**383.8**	0	1
12	英国	376.8	382.1	368.0	363.9	358.3	338.1	338.9	339.3	338.6	**333.9**	–1	1
13	墨西哥	267.8	275.6	292.1	296.4	297.1	303.3	310.3	320.3	329.1	**332.1**	1	1
14	伊朗	221.8	235.7	235.6	248.8	258.9	275.6	280.2	286.1	305.2	**310.8**	2	1
15	土耳其	194.8	211.2	229.4	239.5	240.2	252.0	261.8	274.4	297.3	**302.5**	2	1
16	意大利	292.6	302.1	302.6	299.3	289.8	279.8	283.0	289.8	295.8	**290.6**	–2	1
17	西班牙	296.3	300.4	291.8	297.6	285.3	278.8	281.0	274.6	275.6	**275.0**	0	1
18	中国台湾地区	230.0	247.1	252.2	250.4	252.4	260.0	258.2	264.1	270.3	**273.6**	1	1
19	印度尼西亚	156.8	169.8	183.4	200.3	216.2	228.6	234.0	247.9	254.6	**267.3**	5	1
20	澳大利亚	249.9	251.0	256.3	250.7	249.6	247.6	254.3	258.5	259.0	**261.4**	1	1
全球合计		**20 269.3**	**21 574.3**	**22 258.7**	**22 807.8**	**23 449.8**	**23 914.6**	**24 286.9**	**24 956.9**	**25 676.6**	**26 614.8**	**4**	**100**

资料来源：BP，世界能源统计 2019，2019 年 6 月。

附录四　水电发电量排名前 20 位的国家及地区

单位：TW · h

序号	年份 / 国家（地区）	2009	2010	2011	2012	2013	2014	2015	2016	2017	2018	2018 年同比 / %	2018 年占全球比例 / %
1	中国	615.6	711.4	688.0	862.8	909.6	1 051.1	1 114.5	1 153.3	1 165.1	**1 202.4**	3	29
2	巴西	391.0	403.3	428.3	415.3	391.0	373.4	359.7	380.9	370.9	**387.7**	5	9
3	加拿大	368.7	351.4	375.7	380.3	391.8	382.5	382.2	387.2	396.5	**387.3**	–2	9
4	美国	271.5	257.3	316.1	274.0	266.5	255.8	246.5	263.8	296.8	**288.7**	–3	7
5	俄罗斯联邦	174.2	166.5	163.1	163.5	181.2	173.4	168.0	184.8	185.3	**190.2**	3	5
6	印度	106.3	108.7	131.7	115.8	132.0	139.0	133.3	128.4	135.7	**139.7**	3	3
7	挪威	125.3	116.8	120.3	141.7	128.2	135.4	137.3	142.4	142.0	**138.5**	–2	3
8	日本	68.8	86.9	80.8	76.1	78.0	80.0	83.8	80.0	79.2	**81.0**	2	2
9	越南	30.0	27.6	40.9	52.8	57.3	61.2	57.0	63.9	70.9	**80.7**	14	2
10	委内瑞拉	85.8	76.7	83.2	81.7	83.4	78.7	73.4	61.7	79.5	**72.1**	–9	2
11	法国	57.0	62.7	44.8	58.7	70.7	62.8	54.4	60.0	49.2	**64.2**	30	2
12	瑞典	65.4	66.4	67.1	78.9	61.4	63.8	75.3	62.0	65.0	**61.9**	–5	1
13	土耳其	36.0	51.8	52.3	57.9	59.4	40.6	67.1	67.2	58.2	**59.5**	2	1
14	哥伦比亚	40.8	40.6	48.4	47.6	44.4	44.7	44.7	46.8	57.3	**56.6**	–1	1
15	意大利	49.1	51.1	45.8	41.9	52.8	58.5	44.1	40.6	34.4	**45.9**	33	1
16	阿根廷	40.8	40.5	39.6	36.9	40.7	40.9	41.8	38.3	41.5	**41.6**	0	1
17	奥地利	40.9	38.4	34.2	43.8	42.0	41.0	37.1	39.8	38.4	**37.5**	–2	1
18	巴基斯坦	28.2	29.5	30.6	29.5	31.2	32.4	32.9	34.6	30.5	**36.0**	18	1
19	西班牙	26.4	42.0	30.6	20.5	36.8	39.2	28.1	36.4	18.8	**35.2**	87	1
20	瑞士	35.7	36.1	32.4	38.6	38.5	38.0	38.3	34.6	34.1	**34.8**	2	1
全球合计		**3 250.2**	**3 432.9**	**3 499.2**	**3 666.8**	**3 793.2**	**3 883.1**	**3 884.4**	**4 017.7**	**4 065.4**	**4 193.1**	**3**	**100**

资料来源：BP，世界能源统计 2019，2019 年 6 月。

附录五　风电发电量排名前 20 位的国家及地区

单位：TW · h

序号	国家（地区）\年份	2009	2010	2011	2012	2013	2014	2015	2016	2017	2018	2018 年同比 / %	2018 年占全球比例 / %
1	中国	27.6	44.6	70.3	96.0	141.2	156.1	185.8	237.1	295.0	**366.0**	24	29
2	美国	74.6	95.6	121.4	142.2	169.5	183.5	192.6	229.3	256.9	**277.7**	8	22
3	德国	38.6	38.5	49.9	51.7	52.7	58.5	80.6	79.9	105.7	**111.6**	6	9
4	印度	16.3	19.5	24.0	27.4	30.0	33.5	32.7	43.5	52.6	**60.3**	15	5
5	英国	9.3	10.3	16.0	19.8	28.4	32.0	40.3	37.3	50.0	**57.1**	14	4
6	西班牙	37.9	43.7	42.4	49.5	55.8	52.0	49.3	48.9	49.1	**50.8**	3	4
7	巴西	1.2	2.2	2.7	5.1	6.6	12.2	21.6	33.5	42.4	**48.5**	14	4
8	加拿大	6.6	8.6	10.2	11.3	18.0	22.5	27.0	29.2	29.1	**32.2**	11	3
9	法国	7.9	9.9	12.1	14.9	16.0	17.2	21.2	21.4	24.3	**28.2**	16	2
10	土耳其	1.5	2.9	4.7	5.9	7.6	8.5	11.7	15.5	17.9	**19.8**	11	2
11	意大利	6.5	9.1	9.9	13.4	14.9	15.2	14.8	17.7	17.7	**17.5**	−2	1
12	瑞典	2.5	3.5	6.1	7.2	9.8	11.2	16.3	15.5	17.6	**16.8**	−5	1
13	澳大利亚	4.4	5.0	6.4	7.7	9.3	9.8	11.8	13.0	13.2	**16.3**	23	1
14	丹麦	6.7	7.8	9.8	10.3	11.1	13.1	14.1	12.8	14.8	**13.9**	−6	1
15	波兰	1.1	1.7	3.2	4.7	6.0	7.7	10.9	12.6	14.9	**12.8**	−14	1
16	葡萄牙	7.6	9.2	9.2	10.3	12.0	12.1	11.6	12.5	12.2	**12.7**	3	1
17	墨西哥	0.6	1.2	1.6	3.7	4.2	6.4	8.7	10.4	10.6	**12.6**	19	1
18	荷兰	4.6	4.0	5.1	5.0	5.6	5.8	7.5	8.2	10.6	**10.5**	0	1
19	爱尔兰	3.0	2.8	4.4	4.0	4.5	5.1	6.6	6.1	7.4	**8.4**	13	1
20	比利时	1.0	1.3	2.3	2.8	3.7	4.6	5.6	5.4	6.5	**7.5**	15	1
全球合计		**275.9**	**341.6**	**436.8**	**523.8**	**645.3**	**712.0**	**831.4**	**956.9**	**1 128.0**	**1 270.0**	**13**	**100**

资料来源：BP，世界能源统计 2019，2019 年 6 月。

附录六　太阳能发电量排名前 20 位的国家及地区

单位：TW · h

序号	国家（地区）\ 年份	2009	2010	2011	2012	2013	2014	2015	2016	2017	2018	2018 年同比 / %	2018 年占全球比例 / %
1	中国	0.3	0.7	2.6	3.6	8.4	23.5	43.6	61.7	117.8	**177.5**	51	30
2	美国	2.1	3.0	4.7	9.0	16.0	29.2	39.4	55.4	78.1	**97.1**	24	17
3	日本	3.0	4.0	5.4	7.4	12.9	23.5	34.5	48.5	61.8	**71.7**	16	12
4	德国	6.6	11.7	19.6	26.4	31.0	36.1	38.7	38.1	39.4	**46.2**	17	8
5	印度	0.1	0.1	0.8	2.1	3.4	4.9	6.6	11.6	21.5	**30.7**	43	5
6	意大利	0.7	1.9	10.8	18.9	21.6	22.3	22.9	22.1	24.4	**23.2**	−5	4
7	英国	—	—	0.2	1.4	2.0	4.1	7.5	10.4	11.5	**12.9**	12	2
8	西班牙	6.1	7.1	8.7	12.0	13.1	13.7	13.9	13.6	14.3	**12.5**	−13	2
9	澳大利亚	0.3	1.0	2.0	2.4	3.8	5.0	6.0	7.5	9.0	**12.1**	35	2
10	法国	0.2	0.6	2.1	4.0	4.7	5.9	7.3	8.2	9.2	**10.2**	11	2
11	韩国	0.6	0.8	0.9	1.1	1.6	2.6	4.0	5.1	7.1	**9.3**	33	2
12	土耳其	—	—	—	—	—	—	0.2	1.0	2.9	**7.9**	173	1
13	智利	—	—	—	—	—	0.5	1.3	2.6	3.9	**5.1**	31	1
14	南非	—	—	0.1	0.1	0.2	1.1	2.7	3.3	4.3	**4.9**	15	1
15	泰国	—	0.1	0.1	0.5	1.3	1.9	2.4	3.4	4.5	**4.7**	5	1
16	比利时	0.2	0.6	1.2	2.1	2.6	2.9	3.1	3.1	3.3	**4.0**	21	1
17	希腊	—	0.2	0.6	1.7	3.6	3.8	3.9	3.9	4.0	**3.8**	−5	1
18	加拿大	0.1	0.3	0.6	0.9	1.5	2.1	2.9	3.0	3.3	**3.5**	8	1
19	荷兰	—	0.1	0.1	0.3	0.5	0.8	1.1	1.6	2.2	**3.2**	45	1
20	巴西	—	—	—	—	—	—	0.1	0.1	0.8	**3.1**	277	1
全球合计		**21.0**	**33.7**	**65.0**	**100.8**	**139.1**	**197.9**	**260.7**	**328.4**	**453.5**	**584.6**	**29**	**100**

资料来源：BP，世界能源统计 2019，2019 年 6 月。

附录七　生物液体燃料产量排名前 20 位的国家及地区

单位：kt 油当量

序号	国家（地区）\年份	2009	2010	2011	2012	2013	2014	2015	2016	2017	2018	2018 年同比 / %	2018 年占全球比例 / %
1	美国	23 761	28 044	31 184	29 808	31 057	32 890	33 849	35 986	37 132	**38 088**	3	40
2	巴西	15 277	16 874	14 403	14 739	17 114	18 001	19 333	18 168	1 8240	**21 375**	17	22
3	印尼	150	191	1 425	1 746	2 205	3 114	1 300	2 874	2 686	**4 849**	81	5
4	德国	2 529	3 134	3 079	2 886	3 073	3 460	3 191	3 228	3 293	**3 445**	5	4
5	中国	1 634	1 589	1 976	2 110	2 346	2 609	2 039	1 811	2 147	**3 099**	44	3
6	法国	2 326	2 268	2 065	2 384	2 434	2573	2 560	2 413	2 616	**2 727**	4	3
7	阿根廷	1 029	1 711	2 222	2 279	2 050	2 630	2 017	2 818	3 115	**2 726**	−12	3
8	泰国	651	834	919	1 259	1 609	1 799	1 941	1 682	1 976	**2 119**	7	2
9	荷兰	242	391	674	1 276	1 495	1 797	1 938	1 506	2 011	**2 099**	4	2
10	西班牙	914	1022	851	620	749	1 030	1 122	1 200	1 541	**1 840**	19	2
11	加拿大	761	865	1006	1049	1 013	1 119	1 165	1 258	1 359	**1 436**	6	2
12	印度	115	188	275	263	249	271	540	660	602	**1 023**	70	1
13	波兰	408	439	414	652	697	750	813	925	922	**912**	−1	1
14	英国	215	281	174	299	504	389	301	542	742	**708**	−5	1
15	哥伦比亚	292	434	551	605	626	650	663	645	592	**692**	17	1
16	意大利	747	778	586	311	457	513	519	524	629	**634**	1	1
17	比利时	135	365	422	447	439	575	386	372	446	**467**	5	0
18	韩国	221	310	249	360	369	388	441	443	428	**450**	5	0
19	奥地利	373	391	390	390	374	329	381	419	391	**386**	−1	0
20	芬兰	231	302	207	265	329	367	445	122	322	**322**	0	0
全球合计		**54 603**	**63 152**	**66 383**	**67 656**	**73 570**	**80 077**	**80 325**	**83 207**	**86 919**	**95 371**	**10**	**100**

资料来源：BP，世界能源统计 2019，2019 年 6 月。

附录八 地热发电装机容量排名前 20 位的国家及地区

单位：MW

序号	国家（地区）\ 年份	2009	2010	2011	2012	2013	2014	2015	2016	2017	2018	2018 年同比 / %	2018 年占全球比例 / %
1	美国	3 421	3 498	3 500	3 724	3 765	3 757	3 812	3 805	3 732	**3 801**	1.8	26.0
2	印度尼西亚	1 189	1 189	1 226	1 336	1 344	1 404	1 439	1 644	1 809	**1 946**	7.6	13.3
3	菲律宾	1 847	1 847	1 847	1 847	1 847	1 916	1 916	1 916	1 916	**1 928**	0.6	13.2
4	土耳其	77	94	114	162	311	405	624	821	1 064	**1 283**	20.6	8.8
5	新西兰	633	731	731	731	813	979	986	971	971	**996**	2.6	6.8
6	墨西哥	965	965	887	824	823	813	906	926	926	**951**	2.7	6.5
7	意大利	695	728	728	728	729	768	768	767	767	**767**	0.0	5.3
8	冰岛	575	575	665	665	665	665	665	663	708	**753**	6.4	5.2
9	肯尼亚	163	198	198	206	206	366	619	663	673	**663**	–1.5	4.5
10	日本	535	537	537	512	512	508	516	526	531	**536**	0.9	3.7
11	哥斯达黎加	166	166	218	218	218	218	217	207	207	**207**	0.0	1.4
12	萨尔瓦多	204	204	151	204	204	204	204	204	204	**204**	0.0	1.4
13	尼加拉瓜	88	88	88	165	155	155	155	155	155	**155**	0.0	1.1
14	俄罗斯联邦	81	81	81	81	79	78	78	78	78	**78**	0.0	0.5
15	巴布亚新几内亚	56	56	56	56	56	56	56	56	56	**56**	0.0	0.4
16	危地马拉	54	54	54	54	49	49	49	49	49	**49**	0.0	0.3
17	智利	0	0	0	0	0	0	0	0	24	**48**	100.0	0.3
18	洪都拉斯	0	0	0	0	0	0	0	0	35	**35**	0.0	0.2
19	德国	8	8	8	12	24	24	26	29	32	**32**	0.0	0.2
20	葡萄牙	25	25	25	25	25	25	25	25	29	**29**	0.0	0.2
全球合计		**10 830**	**11 091**	**11 179**	**11 614**	**11 889**	**12 452**	**13 126**	**13 568**	**14 034**	**14 601**	**4.0**	**100.0**

资料来源：BP，世界能源统计 2019，2019 年 6 月。

附录九　2018 年全球可再生能源主要指标

投资	单位	2017 年	2018 年
可再生能源发电和燃料每年投资（不含大水电）	亿美元	3 260	2 890
电力			
可再生能源装机容量（包括水电）	GW	2 197	2 378
可再生能源装机容量（不包括水电）	GW	1 081	1 246
水电装机容量	GW	1 112	1 132
风电装机容量	GW	540	591
光伏装机容量	GW	405	505
生物质能装机容量	GW	121	130
地热能装机容量	GW	12.8	13.3
太阳能热发电装机容量	GW	4.9	5.5
海洋能发电装机容量	GW	0.5	0.5
生物质能年发电量	TW·h	532	581
供热			
太阳能热水器安装容量	GW_{th}	472	480
生物燃料			
生物乙醇年产量	亿 L	1 040	1 120
生物柴油年产量	亿 L	330	340
氢化植物油年产量	亿 L	62	70
政策			
制定可再生能源目标的国家或省的数量	个	179	169
具有可再生能源占 100% 一次能源比例目标的国家数量	个	1	1
具有 100% 可再生能源供热制冷目标的国家数量	个	1	1
具有 100% 可再生能源交通燃料目标的国家数量	个	1	1
具有 100% 可再生能源电力目标的国家数量	个	57	65
采用供热义务 / 强制政策的国家 / 省州的数量	个	19	18
采用生物燃料强制政策的州 / 省 / 国家数量	个	70	70
实行上网电价的国家、省或地区数量	个	112	111
实行配额制的国家、省或地区数量	个	33	33
采用招投标的国家数量，2018 年	个	29	48
采用招投标的国家数量，连续	个	84	98

资料来源：21 世纪可再生能源政策网络，《全球可再生能源现状报告 2019》，2019 年 6 月，p.19。

附录十　2018 年可再生能源累计装机容量前 5 位的国家及地区

发电类型 \ 排名	1	2	3	4	5
可再生能源装机容量（包括水电）	中国	美国	巴西	印度	德国
可再生能源装机容量（不包括水电）	中国	美国	德国	印度	日本
人均可再生能源装机容量（不包括水电）	冰岛	丹麦	瑞典 / 德国		芬兰
生物质能发电量	中国	美国	巴西	德国	印度
生物质能发电装机容量	中国	美国	巴西	印度	德国
地热能装机容量	美国	印度尼西亚	菲律宾	土耳其	新西兰
水电装机容量	中国	巴西	加拿大	美国	俄罗斯
水电发电量	中国	加拿大	巴西	美国	俄罗斯
光伏装机容量	中国	美国	日本	德国	印度
人均光伏装机容量	德国	澳大利亚	日本	比利时	意大利
太阳能热发电装机容量	西班牙	美国	南非	摩洛哥	印度
风电装机容量	中国	美国	德国	印度	西班牙
人均风电装机容量	丹麦	冰岛	德国	瑞典	葡萄牙
供热					
太阳能热水集热器容量	中国	美国	土耳其	德国	巴西
人均太阳能热水集热器容量	巴巴多斯	奥地利	塞浦路斯	以色列	希腊
地热能供热装机容量（不含热泵）	中国	土耳其	冰岛	日本	匈牙利

资料来源：21 世纪可再生能源政策网络，《全球可再生能源现状报告 2019》，2019 年 6 月，p.25。

附录十一　2018 年可再生能源投资、年新增装机容量及生物燃料产量前 5 位的国家及地区

排名	1	2	3	4	5
可再生能源发电和燃料投资（不含大于 50MW 水电）	中国	美国	日本	印度	澳大利亚
单位 GDP 对可再生能源电力和燃料投资	帕劳	吉布提	摩洛哥	冰岛 / 塞尔维亚	
地热发电装机容量	土耳其	印度尼西亚	美国	冰岛	新西兰
水电装机容量	中国	巴西	巴基斯坦	土耳其	安哥拉
光伏装机容量	中国	印度 / 美国		日本	澳大利亚
聚光太阳能热发电装机容量	中国 / 摩洛哥		南非	沙特阿拉伯	—
风电装机容量	中国	美国	德国	印度	巴西
太阳能热水器装机容量	中国	土耳其	印度	巴西	美国
生物柴油产量	美国	巴西	印度尼西亚	德国	阿根廷
生物乙醇产量	美国	巴西	中国	加拿大	泰国

资料来源：21 世纪可再生能源政策网络，《全球可再生能源现状报告 2019》，2019 年 6 月，p.25。

附录十二 2018 年全球新增及累计可再生能源装机容量和生物燃料产量

	2018 年新增	2018 年年底累计
发电装机容量 /GW		
生物质发电	9	130
地热能发电	1	13.3
水电	20	1 132
海洋能发电	0	0.5
太阳能光伏发电	100	505
太阳能热发电	1	5.5
风力发电	51	591
供热装机容量 /GW_{th}		
新型生物质供热	6	320
地热能供热（不含地源热泵）	1.4	26
太阳能热水器（不含空气能）	33	480
交通燃料产量 /（亿 L/a）		
乙醇	79	1 120
生物柴油	14	340
氢化植物油	8	70

资料来源：21 世纪可再生能源政策网络，《全球可再生能源现状报告 2019》，2019 年 6 月，p.186。

附录十三　2018 年全球和主要国家或地区可再生能源发电装机容量

单位：GW

技术	全球合计	金砖国家	欧盟28国	中国	美国	德国	印度	日本	英国
生物质发电	130	44	42	17.8	16.2	8.4	10.2	4	7.7
地热能发电	13.3	0.1	0.9	~0	2.5	~0	0	0.5	0
水电	1 132	519	130	322	80	5.6	45	22	1.9
海洋能发电	0.5	~0	0.2	0	~0	0	0	0	~0
太阳能光伏	505	214	115	176	62	45	334	56	13
太阳能热发电	5.5	0.8	2.3	0.2	1.7	0	0.2	0	0
风电	591	262	179	210	96	59	35	3.7	21
可再生能源总装机量（包括水电）	2 378	1 040	469	727	260	119	124	86	44
可再生能源总装机量（不包括水电）	1 246	521	339	404	180	113	78	64	42
人均装机量（不包括水电）/（kW/人）	0.2	0.2	0.7	0.3	0.6	1.4	0.06	0.5	0.6

资料来源：21 世纪可再生能源政策网络，《全球可再生能源现状报告 2019》，2019 年 6 月，p.187。

附录十四 2018年全球生物燃料产量

单位：亿L

国家或地区	燃料乙醇	生物柴油	氢化植物油	总产量同比变化量
美国	609	69	22	19
巴西	330	54		55
中国	41	10		10
德国	10	35		1
印度尼西亚	1	40		9
阿根廷	12	28		−4
法国	9	22		−3
泰国	15	16		4
加拿大	19	4		1
荷兰	3	7	11	−1
西班牙	5	20	5	4
印度	14	2		6
意大利	—	14		6
波兰	2	10		1
英国	5	5		−1
欧盟28国	44	44	35	−8
全球合计	1 119	343	70	90

资料来源：21世纪可再生能源政策网络，《全球可再生能源现状报告2019》，2019年6月，p.216。

附录十五　2018 年全球新增及累计地热发电装机容量

国家（地区）	2018 年新增 /MW	2018 年年底累计 /GW
新增装机容量前 8 位国家		
土耳其	219	1.28
印度尼西亚	140	1.95
美国	58	2.54
冰岛	45	0.75
新西兰	25	1.03
克罗地亚	18	0.02
菲律宾	12	1.93
肯尼亚	11	0.68
累计装机容量前 10 位国家		
美国	58	2.54
印度尼西亚	140	1.95
菲律宾	12	1.93
土耳其	219	1.28
新西兰	25	1.03
墨西哥	—	0.92
意大利	—	0.76
冰岛	45	0.75
肯尼亚	11	0.68
日本	—	0.53
全球总计	527	13.3

资料来源：21 世纪可再生能源政策网络，《全球可再生能源现状报告 2019》，2019 年 6 月，p.217。

附录十六　2018 年全球新增及累计水电装机容量领先的国家及地区

单位：GW

国家（地区）	2018 年新增	2018 年年底累计
新增装机容量前 10 位国家		
中国	7	322
巴西	3.8	104
巴基斯坦	2.5	9.8
土耳其	1.1	28
安哥拉	0.7	3.1
塔吉克斯坦	0.6	5.8
厄瓜多尔	0.6	5.1
印度	0.5	45
挪威	0.4	31
加拿大	0.4	81
累计装机容量前 10 位国家		
中国	7	322
巴西	3.8	104
加拿大	0.4	81
美国	0.1	80
俄罗斯联邦	0.1	47
印度	0.5	45
挪威	0.4	31
土耳其	1.1	28
日本	—	22
法国	~0	19
全球总计	20.0	1 132

资料来源：21 世纪可再生能源政策网络，《全球可再生能源现状报告 2019》，2019 年 6 月，p.218。

附录十七　2017—2018 年全球新增及累计光伏装机容量

单位：GW

国家（地区）	2017 年年底累计	2018 年新增	2018 年年底累计
新增装机容量前 10 位国家			
中国	131.1	45	176.1
印度	22.1	10.8	32.9
美国	51.8	10.6	62.4
日本	49.5	6.5	56
澳大利亚	7.2	3.8	11.1
德国	42.3	3	45.3
墨西哥	0.7	2.7	3.4
韩国	5.9	2	7.9
土耳其	3.4	1.6	5.1
荷兰	2.9	1.4	4.3
累计装机容量前 10 位国家			
中国	131.1	45	176.1
美国	51.8	10.6	62.4
日本	49.5	6.5	56
德国	42.3	3	45.3
印度	22.1	10.8	32.9
意大利	19.7	0.4	20.1
英国	12.7	0.3	13
澳大利亚	7.2	3.8	11.1
法国	8.1	0.9	9
韩国	5.9	2	7.9
全球总计	405	100	505

资料来源：21 世纪可再生能源政策网络，《全球可再生能源现状报告 2019》，2019 年 6 月，p.219。

附录十八　2017—2018 年全球新增及累计太阳能热发电装机容量

单位：MW

国家（地区）	2017 年年底累计	2018 年新增	2018 年年底累计
西班牙	2 304	—	2 304
美国	1 738	—	1 738
南非	300	100	400
摩洛哥	166	200	366
印度	225	—	225
中国	20	200	220
阿拉伯联合酋长国	100	—	100
沙特阿拉伯	—	50	50
阿尔及利亚	20	—	20
埃及	20	—	20
伊朗	17	—	17
全球总计	4 910	550	5 460

资料来源：21 世纪可再生能源政策网络，《全球可再生能源现状报告 2019》，2019 年 6 月，p.220。

附录十九　2017—2018 年全球累计及新增太阳能集热器保有容量

国家（地区）	2017 年年底累计			2018 年新增		
	GW_{th}			MW_{th}		
	玻璃集热器	非玻璃集热器	合计	玻璃集热器	非玻璃集热器	合计
中国	334.5	—	334.5	24 801	—	24 801
土耳其	16.3	—	16.3	1 316	—	1 316
印度	7.7	—	7.7	1 247	—	1 247
巴西	6.7	3.8	10.4	436	439	875
美国	2.1	15.6	17.8	112	511	623
澳大利亚	2.5	3.9	6.4	128	280	408
德国	13.4	0.4	13.7	401	—	401
以色列	3.3	—	3.3	291	1	291
墨西哥	1.8	0.9	2.7	200	84	284
希腊	3.2	—	3.2	230	—	230
波兰	1.6	—	1.6	217	—	217
西班牙	2.8	0.1	2.9	141	3	144
意大利	3.2	—	3.2	125	—	125
南非	0.6	0.8	1.4	48	46	94
奥地利	3.4	0.3	3.6	69	—	69
丹麦	1.1	—	1.1	50	—	50
瑞士	1	0.1	1.2	44	4	48
突尼斯	0.7	—	0.7	41	—	41
塞浦路斯	0.5	1.5	2	40	—	40
法国	1.8	0.1	1.9	39	—	39
前 20 国合计	408.2	27.6	435.8	29 978	1 367	31 345
全球总计	444	29	472	31 834	1 463	33 297

资料来源：21 世纪可再生能源政策网络，《全球可再生能源现状报告 2019》，2019 年 6 月，p.221。

附录二十 2017—2018 年全球新增及累计风电装机容量

单位：GW

国家（地区）	2017 年年底累计	2018 年新增	2018 年年底累计
新增装机容量前 10 位国家			
中国	188.4	21.1	210
美国	89	7.6	96.5
德国	56.2	3.1	59.3
印度	32.9	2.2	35.1
巴西	12.8	1.9	14.7
英国	19.1	1.9	21
法国	13.8	1.6	15.3
墨西哥	4	0.9	5
瑞典	6.7	0.7	7.4
加拿大	12.2	0.6	12.8
累计装机容量前 10 位国家			
中国	188.4	21.1	210
美国	89	7.6	96.5
德国	56.2	3.1	59.3
印度	32.9	2.2	35.1
西班牙	23.1	0.4	23.5
英国	19.1	1.9	21
法国	13.8	1.6	15.3
巴西	12.8	1.9	14.7
加拿大	12.2	0.6	12.8
意大利	9.5	0.5	10
全球总计	540	51	591

资料来源：21 世纪可再生能源政策网络，《全球可再生能源现状报告 2019》，2019 年 6 月，p.222。

附录二十一　2018 年全球可再生能源就业人数

单位：10^3 人

领域	全球	中国	巴西	美国	印度	欧盟
光伏	3 605	2 194	15.6	225	115	96
生物液体燃料	2 063	51	832	311	35	208
水电	2 054	308	203	66.5	347	74
风电	1 160	510	34	114	58	314
太阳能采暖 / 制冷	801	670	41	12	20.7	24.0
固体生物质	787	186	—	79	58	387
沼气	334	145	—	7	85	67
地热能	94	2.5	—	35	—	23
聚光太阳能	34	11	—	5.0	—	5
合计	10 983	4 078	1125	855	719	1 235

资料来源：21 世纪可再生能源政策网络，《全球可再生能源现状报告 2019》，2019 年 6 月，p.47。

附录二十二　2008—2018年全球可再生能源投资趋势

单位：亿美元

投资类别	2008	2009	2010	2011	2012	2013	2014	2015	2016	2017	2018
按类别的新增投资											
技术研发											
政府研发	28	54	49	48	47	52	45	44	51	51	55
企业研发	33	33	38	43	41	40	43	41	43	67	75
研发 / 商业化											
风险投资	33	16	26	26	24	8	10	14	8	7	2
制造业											
私募股权资本扩张	67	30	53	24	16	13	17	18	17	7	18
公开市场	105	117	106	99	38	98	149	120	62	56	60
项目											
资产融资	1 328	1 123	1 524	1 908	1 665	1 713	2 269	2 692	2 475	2 678	2 365
（再投资股权）	−44	−37	−18	−21	−29	−12	−36	−67	−44	−29	−48
小规模的分散投资	222	347	609	751	700	404	371	324	327	424	363
新增投资总额	1 772	1 682	2 387	2 877	2 502	2 316	2 869	3 185	2 938	3 263	2 889
按技术的新增投资											
太阳能发电	604	633	1 017	1 586	1 418	1 213	1 474	1 760	1 454	1 802	1 397
风力发电	736	733	986	865	778	829	1 108	1 220	1 263	1 309	1 341
生物质能发电	161	134	170	204	154	137	129	102	130	57	87
生物燃料	176	94	101	104	73	51	53	36	21	32	30
地热发电	17	25	28	39	15	27	29	25	27	24	22
小水电（小于50MW）	76	60	82	77	61	57	71	40	41	36	9
海洋能发电	2	3	3	3	3	2	4	2	2	2	2
新增投资总额	1 772	1 682	2 387	2 877	2 502	2 316	2 869	3 185	2 938	3 263	2 889

资料来源：21世纪可再生能源政策网络，《全球可再生能源现状报告2019》，2019年6月，p.236。

附录二十三　2018 年全球可再生能源发电成本

单位：美元 /（kW · h）

类型	全球加权平均发电成本	5%~95% 的发电成本	2017—2018 年发电成本变化率 / %
生物质能发电	0.062	0.048~0.243	-14
地热发电	0.072	0.060~0.143	-1
水电	0.047	0.030~0.136	-11
太阳能光伏发电	0.085	0.058~0.219	-13
集中式太阳能发电	0.185	0.109~0.272	-26
海上风力发电	0.127	0.102~0.198	-1
陆上风力发电	0.056	0.044~0.100	-13

资料来源：IRENA，Renewable Power Generations Costs in 2018，2019 年 6 月。

附录二十四　全球可再生能源占一次能源和终端消费量比例目标

国家（地区）	占一次能源比例		占最终消费比例	
	占比 / %	目标	占比 / %	目标
欧盟 28 国	13.3		17.5	→20%，2020 年 →32%，2030 年
阿富汗			8.8	→10%
阿尔巴尼亚	34.4	→18%，2020 年	34.6	→38%，2020 年
阿尔及利亚			0.1	→37%，2030 年 →40%，2030 年
安哥拉		→7.5%，2025 年	4.4	
亚美尼亚	12.4	→21%，2020 年 →26%，2025 年	6.4	
奥地利	30.1		32.6	→45%，2020 年
孟加拉国	24.8		0.2	→10%，2020 年
白俄罗斯	5.5		6.8	→32%，2020 年
比利时	6.7	→9.7%，2020 年	9.1	→13%，2020 年
瓦隆尼亚				→20%，2020 年
贝宁	59.6		8.8	→25%，2025 年
波黑	24.9		8.9	→40%，2020 年
巴西	45.3		47.0	→45%，2030 年
文莱达鲁萨兰国			0.1	→10%，2035 年
保加利亚	10.7		18.7	→16%，2020 年
布隆迪			2.6	→2.1%，2020 年
中国	8.4	→15%，2020 年 →20%，2030 年	9.9	
哥斯达黎加			35.3	
科特迪瓦	3.0	→15%，2020 年 →20%，2030 年	7.6	
克罗地亚	23.3		27.3	→20%，2020 年
古巴			19.3	
塞浦路斯	7.3		9.9	→13%，2020 年
捷克民主共和国	10.5		14.9	→13.5%，2020 年

国家（地区）	占一次能源比例		占最终消费比例	
	占比 / %	目标	占比 / %	目标
丹麦	30.0		35.8	→35%，2020 年 →100%，2050 年
吉布提		→17%，2035 年		
埃及	3.8	→14%，2020 年	4.0	
爱沙尼亚	17.6		29.2	→25%，2020 年
斐济			31.1	→23%，2030 年
芬兰	31.2		41.0	→38%，2020 年 →40%，2025 年
法国	9.6		16.3	→23%，2020 年 →32%，2030 年
加蓬	76.7		60.1	→80%，2020 年
德国	12.7		15.5	→18%，2020 年 →30%，2030 年 →45%，2040 年 →60%，2050 年
加纳	42.5		13.5	2030 年目标相比 2010 年增加 10%
希腊	12.1		15.2	→20%，2020 年
格林纳达		→20%，2020 年	0.7	
危地马拉	63.0		6.5	→80%，2026 年
几内亚			2.4	→30%，2030 年
几内亚比绍			7.8	
圭亚那			20.8	→20%，2025 年
海地			4.0	
洪都拉斯			11.0	
匈牙利	11.5		13.3	→14.65%，2020 年
冰岛	89.5		77.0	→64%，2020 年
印度			9.9	
印度尼西亚	13（2018）	→23%，2025 年 →31%，2050 年	6.2	
爱尔兰	7.9		10.7	→16%，2020 年
以色列	2.4		3.7	→13%，2025 年 →17%，2030 年

国家（地区）	占一次能源比例		占最终消费比例	
	占比 / %	目标	占比 / %	目标
意大利	17.4		18.3	→ 17%，2020 年
牙买加	18.6		7.5	→ 20%，2030 年
日本	4.8	→ 14%，2030 年	6.3	
约旦	2.1	→ 10%，2020 年	2.8	→ 11%，2025 年
韩国	1.7	→ 6.1%，2020 年 → 11%，2030 年	2.7	
科索沃			22.9	→ 25%，2020 年
老挝	80		23.4	→ 30%，2025 年
拉脱维亚	39.1		39.0	→ 40%，2020 年
黎巴嫩			1.6	→ 12%，2020 年 → 15%，2030 年
利比里亚	5.0	→ 30%，2030 年	73.8	→ 10%，2030 年
利比亚		→ 10%，2020 年		
立陶宛	19.6	→ 20%，2025 年	25.8	→ 23%，2020 年 → 80%，2050 年
卢森堡	5.6		6.4	→ 11%，2020 年
马其顿	15.7		19.7	→ 28%，2020 年
马达加斯加			38.6	→ 54%，2020 年
马拉维		→ 7%，2020 年	47.3	
马里		→ 15%，2020 年	4.3	
马尔他	3.2		7.2	→ 10%，2020 年
毛里塔尼亚		→ 20%，2020 年	1.1	
摩尔多瓦	10.3	→ 20%，2020 年	14.3	→ 17%，2020 年
蒙古	3.2	→ 20%~25%，2020 年	1.4	
黑山	30.6		40.0	→ 33%，2020 年
尼泊尔	84.1	→ 10%，2030 年	6.4	
荷兰	4.9		6.6	→ 14%，2020 年
尼日尔	74.7	→ 10%，2020 年		
挪威	49.2		57.8	→ 67.5%，2020 年
帕劳		→ 20%，2020 年		
巴勒斯坦			4.4	→ 25%，2020 年
巴拿马	21.1	→ 30%，2050 年	16.4	

国家（地区）	占一次能源比例		占最终消费比例	
	占比 / %	目标	占比 / %	目标
秘鲁			14.0	→ 15%，2030 年
波兰	8.5	→ 12%，2020 年	10.9	→ 15%，2020 年
葡萄牙	24.3		28.1	→ 31%，2020 年 → 47%，2030 年
罗马尼亚	18.7		24.5	→ 24%，2020 年
卢旺达			8.2	
萨摩亚		→ 20%，2030 年	4.8	
塞尔维亚	13.1		20.6	→ 27%，2020 年
斯洛伐克	9.7		11.5	→ 14%，2020 年
斯洛文尼亚	16.8		21.5	→ 25%，2020 年
西班牙	14.6		17.5	→ 20%，2020 年
苏丹		→ 20%，2020 年	24.7	
瑞典			54.4	→ 49%，2020 年
瑞士		→ 24%，2020 年		
叙利亚	0.4	→ 4.3%，2030 年		
塔吉克斯坦	37.0		44.6	→ 50%，2020 年
坦桑尼亚	22.3	→ 24%，2020 年	19.8	
泰国	19.2		14.4	→ 25%，2021 年 → 40%，2035 年
多哥	78.9		12.7	→ 4%
乌克兰	3.0	→ 18%，2030 年	1.9	→ 11%，2020 年 → 25%，2035 年
阿联酋				→ 24%，2021 年
英国	8.2		10.2	→ 15%，2020 年
瓦努阿图			36.1	→ 65%，2020 年
越南	27.6	→ 5%，2020 年 → 8%，2025 年 → 11%，2050 年	13.3	

资料来源：21 世纪可再生能源政策网络，《全球可再生能源现状报告 2019》，2019 年 6 月，p.188。

附录二十五 2017 年全球可再生能源供热和制冷的目标

国家(地区)	2017 年可再生能源占供热制冷的比例	目标
欧盟 28 国	19.5%	2030 年前，可再生能源供热比例每年增加 1.3%
阿尔巴尼亚	24.9%	
奥地利	32.0%	2020 年达到 33%
比利时	8.1%	2020 年达到 11.9%
不丹		2025 年太阳能供热制冷装机将达 3MW
保加利亚	30.0%	2020 年达到 24%
中国	4.629 亿 m^2	2020 年太阳供热达到 8 亿 m^2
克罗地亚	36.6%	2020 年达到 19.6%
塞浦路斯	24.5%	2020 年达到 23.5%
捷克	19.7%	2020 年达到 14.1%
丹麦	46.6%	2020 年达到 39.8% 2050 年达到 100%
爱沙尼亚	51.6%	2020 年达到 38%
芬兰	54.8%	2020 年达到 47%
法国	21.4%	2030 年达到 38%
德国	13.4%	2020 年达到 14%
希腊	26.6%	2020 年达到 20%
匈牙利	19.6%	2020 年达到 18.9%
印度	6.7 热吉瓦	2022 年太阳能供热达到 $14GW_{th}$(2 000 万 m^2)
爱尔兰	6.8%	2020 年达到 15%
意大利	20.0%	2020 年达到 17.1%
	6 320 kt 标准油	生物质能：2020 年供热制冷达 5 670 kt 标准油
	207 kt 标准油(2016)	地热能：2020 年供热制冷达到 300 kt 标准油
	231.3 kt 标准油(2016)	太阳能热水和供暖：2020 年达到 1586 kt 标准油
约旦	$882MW_{th}$(2015)	2020 年太阳能热水器占家庭用户的 30%
肯尼亚		太阳能热水器：满足建筑需求的 60% 以上、每天 100 升热水
科索沃	50.5%	2020 年达到 45.65%
拉脱维亚	54.0%	2020 年达到 53.4%
黎巴嫩		2030 年可再生能源占电力供热总消费的 15%

国家（地区）	2017 年可再生能源占供热制冷的比例	目标
利比亚		太阳能热水器：2015 年达 $80MW_{th}$；2020 年达 $250MW_{th}$
立陶宛	46.5%	2020 年达到 39% 2030 年达到 90%
卢森堡	8.1%	2020 年达到 8.5%
马其顿	36.4%	2020 年达到 11%
马拉维		生产 2 000 套太阳能热水器，到 2030 年达到 20 000 套
马耳他	19.8%	2020 年达到 6.2%
墨西哥	340 万 m^2	2027 年太阳能热水器安装面积达到 1820 万 m^2
摩尔多瓦		2020 年达到 27%
黑山	67.5%	2020 年达到 38.2%
摩洛哥	$316MW_{th}$（2015 年）	2020 年太阳能热水 $1.2GW_{th}$（170 万 m^2）
莫桑比克	$1MW_{th}$（2015 年）	在边远地区安装 10 万套太阳能热水系统
荷兰	5.9%	2020 年达到 8.7%
波兰	14.5%	2020 年达到 17%
葡萄牙	34.4%	2030 年达到 38% 2050 年达到 69%~72%
罗马尼亚	26.6%	2020 年达到 22%
塞尔维亚	24.4%	2020 年达到 30%
塞拉利昂		2020 年太阳能热水器在酒店、宾馆和餐馆占比达 2%；2030 年达 5% 2030 年太阳能热水器在住宅中占比达 1%
斯洛伐克	9.8%	2020 年达到 14.6%
斯洛文尼亚	33.2%	2020 年达到 30.8%
西班牙	17.5%	2020 年达到 17.3%
瑞典	69.0%	2020 年达到 62.1%
泰国	6 573 kt 标准油（2015 年）	生物质能：2022 年达 8 200 kt 标准油
	495 kt 标准油（2015 年）	沼气：2022 年达 1 Mt 标准油
	88 kt 标准油（2015 年）	城市有机垃圾：2022 年达 35 kt 标准油
	11.3 kt 标准油（2016 年）	太阳能热水：2022 年达 30 万个系统及 10 万 t 标准油
乌克兰		2017 年达到 12.4%
英国	7.5%	2020 年达到 12%

资料来源：21 世纪可再生能源政策网络，《全球可再生能源现状报告 2019》，2019 年 6 月，p.191。

附录二十六　2017 年全球可再生能源在交通领域占比及发展目标

国家或地区	2017 年占比 / %	可再生能源运输在总能源供应中所占比例目标 /%
欧盟 28 国	7.60	2020 年达到 10 2030 年达到 14
阿尔巴尼亚		2020 年达 10
奥地利	9.7	2020 年达 11.4
比利时	6.6	2020 年达 10
瓦隆尼亚		2020 年达 10.14
保加利亚	7.2	2020 年达 11
克罗地亚	1.2	2020 年达 10
塞浦路斯	2.6	2020 年达 10
捷克	6.6	2020 年达 10.8
丹麦	6.8	2020 年达 10 2050 年达 100
爱沙尼亚	0.4	2020 年达 10
芬兰	18.8	2030 年生物燃料掺混达 30，可再生能源占交通燃料达 40
法国	9.1	2020 年达 15
德国	7.0	2020 年达 10
希腊	4.0	2020 年达 10.1
匈牙利	6.8	2020 年达 10
冰岛	7.2	2020 年达 10
爱尔兰	7.4	2020 年达 10
意大利	6.5	2020 年达 10.1
拉脱维亚	2.5	2020 年达 10
利比里亚		2030 年交通燃料中掺混棕榈油达 5
立陶宛	3.6	2020 年达 10
卢森堡	6.4	2020 年达 10
马耳他	6.8	2020 年达 10.7
马其顿	0.1	2020 年达 2
摩尔多瓦		2020 年达 20

国家或地区	2017 年占比 / %	可再生能源运输在总能源供应中所占比例目标 /%
黑山	1.0	2020 年达 10.2
荷兰	5.9	2020 年达 10
挪威	19.7	2020 年达 20
波兰	4.2	2020 年达 20
葡萄牙	7.9	2030 年达 20 2050 年达 100（不含航空与海运）
卡塔尔		2020 年达 10
罗马尼亚	6.6	2020 年达 10
塞尔维亚	1.2	2020 年达 10
斯洛伐克	7.0	2020 年达 10
斯洛文尼亚	2.7	2020 年达 10.5
西班牙	5.9	2020 年达 10
斯里兰卡		2020 年生物燃料达 20
瑞典	38.6	2030 年交通车辆不再用化石燃料
泰国		2022 年每天消耗 900 万 L 乙醇 2022 年每天消耗 600 万 L 生物柴油 2022 年每天消耗 2 500 万 L 先进生物燃料
乌克兰		2020 年达 10
英国	5.1	2020 年达 10.3
越南		2025 年占交通石油需求的 5

资料来源：21 世纪可再生能源政策网络，《全球可再生能源现状报告 2019》，2019 年 6 月，p.193。

附录二十七　全球可再生能源发电量占发电总量比例及发展目标

国家或地区	2017 年占比 / %	发展目标 /%
欧盟 28 国	30.7	
阿富汗	86.1	→ 100，2050 年
阿尔及利亚	0.32	→ 27，2030 年
安提瓜和巴布达		→ 10，2020 年 → 15，2030 年
阿根廷	2	→ 12，2019 年 → 16，2021 年 → 18，2023 年 → 20，2025 年
亚美尼亚	12	→ 40，2025 年
阿鲁巴岛		→ 100，2020 年
澳大利亚	72.2	→ 23，2020 年
澳大利亚		
首都直辖区 北部地区 昆士兰 维多利亚		→ 100，2025 年 → 50，2030 年 → 50，2030 年 → 40，2025 年
奥地利	72.2	→ 70.6，2020 年
阿塞拜疆		→ 20，2020 年
巴哈马		→ 15，2020 年 → 30，2030 年
巴林		→ 5，2030 年
孟加拉		→ 10，2020 年 → 100，2050 年
巴巴多斯		→ 65，2030 年 → 100，2050 年
比利时	17.2	→ 20.9，2020 年
伯利兹	91.0	→ 85，2030 年
不丹		→ 100，2050 年
玻利维亚		→ 79，2030 年

国家或地区	2017 年占比 / %	发展目标 /%
巴西		→ 23，2030 年
文莱		→ 10，2035 年
保加利亚	19.2	→ 20.6，2020 年
布基纳法索		→ 50，2025 年 → 100，2050 年
佛得角		→ 100，2025 年
柬埔寨		→ 100，2025 年
加拿大	66.0	
阿尔伯塔 不列颠哥伦比亚 新不伦瑞克 新斯科舍 萨斯喀彻温省		→ 30，2030 年 → 93 → 40，2020 年 → 40，2020 年 → 50，2030 年
智利	18.0	→ 20，2025 年
中国		
中国大陆 中国台湾	26.4 4.5	→ 35，2030 年 → 9，2020 年 → 20，2025 年
哥伦比亚		→ 100，2050 年
科摩罗		→ 43，2030 年 → 100，2050 年
刚果民主共和国		→ 100，2050 年
刚果共和国		→ 85，2025 年
哥斯达黎加	98.6	→ 100，2030 年
科特迪瓦		→ 42，2020 年
克罗地亚	46.4	→ 39，2020 年
古巴	4.0	→ 24，2030 年
塞浦路斯	8.9	→ 16，2020 年
捷克	13.7	→ 14.3，2020 年
丹麦	60.4	→ 50，2020 年 → 100，2050 年
吉布提		→ 100，2020 年
多米尼克		→ 100

国家或地区	2017 年占比 / %	发展目标 /%
多米尼加	12.0	→ 25，2025 年 → 100，2050 年
埃及		→ 20，2021/2022 年 → 42，2035 年
厄立特里亚		→ 70，2030 年
爱沙尼亚	17.0	→ 17.6，2020 年
埃塞俄比亚		→ 100，2050 年
斐济		→ 100，2030 年
芬兰	35.2	→ 33，2020 年
法国	19.9	→ 40，2030 年
加蓬		→ 70，2020 年 → 80，2025 年
冈比亚		→ 35，2020 年 → 100，2050 年
德国	34.4	→ 40~45，2025 年 → 65，2030 年 → 80，2050 年
加纳		→ 10，2020 年 → 100，2050 年
希腊	24.5	→ 40，2020 年
格拉纳达		→ 100，2050 年
危地马拉	59.0	→ 80，2030 年 → 100，2050 年
圭亚那		→ 90
海地		→ 47，2030 年 → 100，2050 年
洪都拉斯	75.0	→ 60，2022 年 → 80，2038 年 → 100，2050 年
匈牙利	7.5	→ 10.9，2020 年
印度	7.8	→ 40，2030 年
印度尼西亚		→ 26，2025 年
伊拉克		→ 10，2030 年
爱尔兰	30.1	→ 42.5，2020 年

国家或地区	2017 年占比 / %	发展目标 /%
以色列	2	→ 10，2020 年 → 17，2030 年
意大利	34.1	→ 26，2020 年
牙买加		→ 50，2030 年
日本		→ 22~24，2030 年
哈萨克斯坦		→ 3，2020 年 → 50，2030 年
肯尼亚		→ 100，2050 年
基里巴斯		→ 3，2020 年 → 100，2050 年
韩国		→ 6，2019 年 → 7，2020 年 → 20，2030 年
科威特		→ 10
拉脱维亚	54.4	→ 60，2020 年
黎巴嫩		→ 12，2020 年 → 100，2050 年
莱索托		→ 35，2020 年（离网和偏远）
利比里亚		→ 30，2021 年
利比亚		→ 7，2020 年 → 10，2025 年
立陶宛	18.3	→ 21，2020 年 → 45，2030 年
卢森堡	8.1	→ 11.8，2020 年
马其顿	24.8	→ 24.7，2020 年
马达加斯加		→ 85，2030 年 → 100，2050 年
马拉维		→ 100，2050 年
马来西亚		→ 9，2020 年 → 20，2030 年
马尔代夫		→ 100，2050 年
马里		→ 10，2015 年 → 25，2033 年
马耳他	6.6	→ 3.8，2020 年

国家或地区	2017 年占比 / %	发展目标 /%
马绍尔群岛		→ 20，2020 年 → 100，2050 年
毛里求斯		→ 35，2025 年
墨西哥		→ 25，2018 年 → 30，2021 年 → 35，2024 年
密克罗尼西亚联邦		10，2020 年市区；50，偏远地区
摩尔多瓦		→ 10，2020 年
黑山	50.1	→ 51.4，2020 年
蒙古		→ 20，2020 年 → 30，2030 年 → 100，2050 年
摩洛哥		→ 52，2030 年 → 100，2050 年
纳米比亚		→ 70，2030 年
尼泊尔		→ 100，2050 年
荷兰	13.8	→ 37，2020 年
新西兰		→ 90，2025 年
库克群岛 纽埃岛 托克劳		→ 100，2020 年 → 100，2020 年 → 100
尼加拉瓜	50.0	→ 90，2027 年
尼日尔		→ 100，2050 年
尼日利亚		→ 10，2020 年
帕劳		→ 100，2050 年
巴勒斯坦		→ 10，2020 年 → 100，2050 年
巴布亚新几内亚		→ 100，2030 年
巴拉圭		2014—2030 年增长 60
秘鲁		→ 15，2030 年
菲律宾		→ 40，2020 年 → 100，2050 年
波兰	13.1	→ 19.3，2020 年
葡萄牙	53.7	→ 60，2020 年 → 80，2030 年 → 100，2050 年

国家或地区	2017 年占比 / %	发展目标 /%
卡塔尔		→ 2，2020 年 → 20，2030 年
罗马尼亚	41.6	→ 43，2020 年
俄罗斯		→ 4.5，2020 年
阿尔泰共和国		→ 80，2020 年
卢旺达		→ 100，2050 年
萨摩亚		→ 100，2030 年
圣多美和普林西比		→ 47
塞内加尔		→ 100，2050 年
塞尔维亚	28.7	→ 37，2020 年
塞舌尔		→ 5，2020 年 → 15，2030 年
塞拉利昂		→ 33，2020 年 → 36，2030 年
新加坡		→ 8
斯洛伐克	21.3	→ 24，2020 年
斯洛文尼亚	32.4	→ 39.3，2020 年
所罗门群岛		→ 100，2030 年
南非		→ 9，2030 年
南苏丹		→ 100，2050 年
西班牙	36.3	→ 39，2020 年
斯里兰卡		→ 20，2020 年 → 100，2050 年
圣卢西亚岛		→ 35，2020 年 → 100，2050 年
圣文森特和格林纳丁斯群岛		→ 60，2020 年
苏丹		→ 20，2030 年 → 100，2050 年
瑞典	65.9	→ 100，2040 年
塔吉克斯坦		10.0
坦桑尼亚		→ 100，2050 年
泰国		→ 20，2036 年
东帝汶		→ 50，2020 年 → 100，2050 年

国家或地区	2017年占比/%	发展目标/%
多哥		→15，2020年
汤加		→50，2020年
特立尼达和多巴哥		峰值达到5，2020年（或60MW）
突尼斯		→30，2030年 →100，2050年
土耳其	35.1	→30，2023年
图瓦卢		→100，2020年
乌克兰		→11，2020年 →20，2030年 →25，2035年
阿拉伯联合酋长国		
阿布扎比		→7，2020年
迪拜		→7，2020年 →15，2030年
英国	28.1	
苏格兰		→100，2020年
美国	18	
亚利桑那		→15，2025年
加利福尼亚		→33，2020年 →50，2030年 →100，2045年
科罗拉多		→30，2020年
康涅狄格		→27，2020年 →40，2030年
特拉华州		→25，2026年
夏威夷		→25，2020年 →40，2030年 →100，2045年
伊利诺伊州		→25，2026年
马里兰州		→25，2030年
马萨诸塞州		→15，2020年然后每年增加1
密歇根		→15，2021年

国家或地区	2017 年占比 / %	发展目标 /%
明尼苏达州		→ 36.5，2025 年 → 31.5，2020 年
密苏里州		→ 15，2021 年
内达华州		→ 25，2025 年
新罕布什尔州		→ 24.8，2025 年
新泽西		→ 20.38，2020 年 → 4.1（太阳能，2027 年） → 50，2030 年
新墨西哥州		→ 20，2020 年（IOU） → 10，2020 年（co-ops）
纽约		→ 50，2030 年
北卡罗莱纳		→ 12.5，2021 年
俄亥俄州		→ 12.5，2026 年
俄勒冈州		→ 50，2040 年
宾夕法尼亚州		→ 18，2021 年
罗德岛州		→ 38.5，2035 年
佛蒙特州		每三年增加 4，2032 年前达到 75
华盛顿		→ 15，2020 年
哥伦比亚特区		→ 100，2032 年
波多黎各		→ 20，2035 年
美国维珍群岛		→ 30，2025 年
乌兹别克斯坦	12.6	→ 19.7，2025 年
瓦努阿图		→ 65，2020 年 → 100，2030 年
越南		→ 7，2020 年 → 10，2030 年 → 100，2050 年
也门		→ 15，2025 年 → 100，2050 年

注：仿宋字体表示州或省的目标。

资料来源：21 世纪可再生能源政策网络，《全球可再生能源现状报告 2019》，2019 年 6 月，p.194。

附录二十八　全球可再生能源发电装机容量或发电量目标

国家或地区	技术类型	目标
阿尔及利亚	可再生能源发电	2030 年达 22GW
	垃圾发电	2030 年达 1GW
	地热能	2030 年达 15MW
	光伏	2030 年达 13.5GW
	太阳能热发电	2030 年达 2GW
	风电	2030 年达 5GW
安提瓜和巴布达	可再生能源发电	2030 年达 5MW
亚美尼亚	水能	2020 年达 377MW；2025 年达 397MW
	地热能	2020 年达 50MW；2025 年 100MW
	光伏	2020 年达 40MW；2025 年 80MW
	风电	2020 年达 50MW；2025 年 100MW
奥地利	固体生物质和沼气发电	从 2010 年到 2020 年新增 200MW
	水电	从 2010 年到 2020 年新增 1GW
	光伏	从 2010 年到 2020 年新增 1.2GW
	风电	从 2010 年到 2020 年新增 2GW
阿塞拜疆	可再生能源发电	到 2020 年达 1GW
巴林	**可再生能源发电**	**2030 年达 700MW**
孟加拉国	水能	2021 年达 4MW
	沼气发电	2021 年达 7MW
	沼气池	2021 年达 7MW
	垃圾发电	2021 年达 1 676MW
	太阳能发电	2021 年达 1 370MW
	风电	2021 年达 1 370MW
白俄罗斯	可再生能源发电	2035 年发电量达到 2.6×10^7kW · h
比利时	·	没有国家目标
弗兰德斯	太阳能发电	2020 年增长率达到 30%
瓦隆尼亚	可再生能源发电	2020 年达到每年 8 太千瓦 · 时

国家或地区	技术类型	目标
不丹	可再生能源发电	2025 年达 20MW
	固体生物质发电	2025 年达 5MW
	光伏	2025 年达 5MW
	风电	2025 年达 5MW
玻利维亚	可再生能源发电	2015—2025 年可再生能源新增装机 160MW
波黑	水电	2030 年达 120MW
	光伏	2030 年达 4MW
	风电	2030 年达 175MW
巴西	生物质发电	2021 年达 19.3GW
	小型水电	2021 年达 7.8GW
	风电	2021 年达 19.5GW
布隆迪	固体生物质	4MW
	水电	212MW
	光伏	40MW
	风电	10MW
加拿大		没有国家目标
安大略	可再生能源发电	2025 年由可再生能源提供 20GW
	水电	2025 年达 9.3GW
	光伏	2025 年达 40MW
	风电	2025 年达 5GW
爱德华王子岛	风电	2030 年增加 30MW（基年为 2011）
中国		
中国大陆	可再生能源发电	2020 年非化石能源发电容量达 680GW
	水电	2020 年达 340GW
	生物质能发电	2020 年达 15GW
	太阳能发电	2020 年光伏达 105GW，太阳能热发电达 5GW
	风电	2020 年达 210GW（含 5GW 海上风电）
中国台湾	可再生能源发电	2020 年达 10.9GW；2025 年达 27.4GW
	地热发电	2020 年达 150MW；2025 年达 200MW
	光伏	2020 年达 6.5GW；2025 年达 20GW
	陆上风电	2020 年达 814MW；2025 年达 1.2GW
	海上风电	2020 年达 520MW；2025 年达 3-5.5GW
克罗地亚	水电	2020 年达 1 655MW

国家或地区	技术类型	目标
古巴	总容量	2030年生物质能发电、风电、太阳能发电和水电装机容量达2.1GW
埃及	水电	2020年达2.8GW
	光伏	2020年达220MW；2027年达700MW
	太阳能热发电	2020年达1.1GW；2030年达2.8GW
	风电	2020年达7.2GW
埃塞俄比亚	甘蔗渣发电	103.5MW
	水电	2030年达22GW
	风电	2030年达7GW
芬兰	生物质发电	2020年达13.2GW
	水电	2020年达14.6GW
	风电	2020年达884MW
法国	海洋能发电	2020年达380MW
	水电	2023年达到0.1~2GW
	太阳能	2023年达到18.2~20.2GW **2030年达到45GW**
	风电（陆上）	2023年达21.8~26GW
	风电（离岸）	2030年达5.2GW
德国	生物质能	每年新增100MW
	光伏发电	每年新增2.5GW
	陆上风电	2019年前每年新增2.8GW，2019年后每年新增2.9GW
	海上风电	2020年前新增6.5GW
希腊	光伏	2030年达到2.2GW
格林纳达	地热发电	15MW
	太阳能	10MW
	风电	2MW
印度	可再生能源发电	2022年达175GW
	生物质发电	2022年达10GW
	小水电	2022年达5GW
	光伏	2010—2022年新增太阳能照明系统2 000万个
	光伏和太阳能热发电	2022年达100GW
	风电	2022年达60GW
安得拉邦	可再生能源发电	2020—2021年增加18GW

国家或地区	技术类型	目标
德里	光伏	2015—2020 年安装 5GW
	太阳能发电	2020 年达 1GW，2025 年的 2GW
恰尔肯德邦	光伏	2019—2020 年达 2 650MW
印度尼西亚	地热发电	2025 年达 12.6GW
	水电	2025 年达 2GW，包括 0.43GW 微型水电
	抽水蓄能	2025 年达 3GW
	光伏	2020 年达 5GW
	风电	2025 年达 100MW
伊朗	太阳能和风电	2020 年达 5GW
意大利	生物质发电	2020 年发电装机达到 2.8GW，发电量达每年 19 780GW · h
	地热发电	2020 年发电装机达到 920MW，发电量达每年 6 759GW · h
	水电	2020 年发电装机 17.8GW，发电量达每年 42 000GW · h
	光伏	2030 年达 50GW
	风电（陆上）	2020 年发电装机 12GW，发电量达每年 18 000GW · h
	风电（离岸）	2020 年发电装机 680MW，发电量达每年 2 000GW · h
日本	海洋能发电（波浪和潮汐）	2030 年达 1.5GW
约旦	可再生能源发电	2020 年达 1.8GW
	太阳能	2020 年达 1GW
	风电	2020 年达 1.2GW
哈萨克斯坦	生物质发电	2020 年达 15.05MW 通过 3 个生物能发电站
	水电	2020 年达 539MW 通过 41 个水能电站
	太阳能	2020 年 713.5MW 通过 28 个太阳能电厂
	风能	2020 年达 1.787GW
肯尼亚	地热发电	2030 年达 5GW
韩国	可再生能源发电	2020 年每年发电 21 977GW · h（总发电量的 4.7%） 2030 年每年发电 39 517GW · h（总发电量的 7.7%） 细分如下
	固体生物质能发电	2030 年达到每年 2 628GW · h
	沼气发电	2030 年达到每年 161GW · h
	填埋气发电	2030 年达到每年 1 340GW · h
	地热发电	2030 年达到每年 2 046GW · h

国家或地区	技术类型	目标
韩国	大水电	2030 年达到每年 3 860GW · h
	小水电	2030 年达到每年 1 926GW · h
	海洋能发电	2030 年达到每年 6 159GW · h
	光伏发电	2030 年达到每年 2 046GW · h
	太阳能热发电	2030 年达到每年 1 971GW · h
	陆上风电	2019 年达到 1.5GW，2030 年达到每年 16 619GW · h
	海上风电	2019 年达到 2.5GW
科索沃	水电	2020 年达 140MW
科威特	光伏	2030 年达 3.5GW
	太阳能热发电	2030 年达 1.1GW
	风电	2030 年达 3.1GW
黎巴嫩	风电	2020 年达 400~500MW
莱索托	可再生能源发电	2030 年达 260MW
利比亚	光伏	2020 年达 344MW；2025 年达 844MW
	太阳能热发电	2020 年达 125MW；2025 年达 375MW
	风电	2020 年达 600MW；2025 年达 1GW
马其顿	固体生物燃料	2020 年发电量达 50GW · h
	沼气	2020 年发电量达 20GW · h
	小水电	2020 年发电量达 216GW · h
	光伏	2020 年发电量达 14GW · h
	风电	2020 年发电量达 300GW · h
马来西亚	可再生能源发电	2.1GW（不包括大水电），11.2TW · h/a，或国内供电的 10%
	太阳能发电	2020 年前增加 1GW
摩洛哥	水电	2020 年达 2GW
	光伏和太阳能热发电	2020 年达 2GW
	风电	2020 年达 2GW
莫桑比克	沼气池	安装 1 000 个系统
	水电，光伏，风电	分别达 2GW
	光伏	家庭光伏系统安装达 82 000 个
	风机水泵系统	安装 3 000 个
	基于可再生能源的生产系统	安装 5 000 个

国家或地区	技术类型	目标
缅甸	水电	2030 年达电力装机容量的 27%
尼日利亚	生物质发电	2025 年达 400MW
	小水电	2025 年达 2GW
	光伏（>1MW）	2025 年达 500MW
	风电	2025 年达 40MW
	太阳能热发电	2025 年达 5MW
挪威	可再生能源发电	2020 年与瑞典电力证书市场将达 26.4TW·h
巴勒斯坦	生物质发电	2020 年达 21MW
	光伏	2020 年达 45MW
	太阳能热发电	2020 年达 20MW
	风电	2020 年达 44MW
菲律宾	可再生能源发电	2030 年可再生能源发电装机是 2010 年的三倍
	生物质发电	从 2010 年到 2030 年新增 277MW
	地热发电	从 2010 年到 2030 年新增 1.5GW
	水电	从 2010 年到 2030 年新增 5 398MW
	海洋能发电	从 2010 年到 2030 年新增 75MW
	光伏	从 2010 年到 2030 年新增 284MW
	风电	从 2010 年到 2030 年新增 2.3GW
波兰	风电（离岸）	2020 年达 1GW
葡萄牙	可再生能源发电	2020 年达 15.8GW，2030 年达 31.1GW
	固体生物质发电	2020 年达 769MW
	沼气发电	2020 年达 59MW
	地热发电	2020 年达 29MW
	小水电	2020 年达 400MW
	海洋能发电（波浪）	2020 年达 6MW
	光伏	2020 年达 670MW
	太阳能热发电	2020 年达 50MW
	风电	2020 年陆上风电达 5.3GW，离岸风电达 27MW 2030 年陆上风电达 8.5~8.9GW，离岸风电达 0.3GW

国家或地区	技术类型	目标
俄罗斯	可再生能源发电	2024 年共达 5.5GW
	小水电	2024 年达 425.4MW
	太阳能发电	2024 年达 1.8GW
	风电	2024 年达 3.4GW
阿尔泰共和国	太阳能发电	2021 年达 150MW
沙特阿拉伯	可再生能源发电	2023 年达 9.5GW；2040 年达 54GW
	光伏和太阳能热发电	2040 年达 41GW（太阳能热发电 25GW 和光伏 16GW）
	地热发电，垃圾发电，风电	2040 年共达 13GW
塞尔维亚	风电	1.4GW
塞拉利昂	可再生能源发电	1GW
新加坡	光伏	2020 年达 350GW
所罗门群岛	地热能	20~40MW
	水电	3.77MW
	太阳能	3.2MW
南非	可再生能源发电	2030 年达 17.8GW；2010—2030 年可再生能源发电装机占新增装机的 42%
苏丹	固体生物质燃料发电	2031 年达 54MW
	沼气发电	2031 年达 68MW
	水电	2031 年达 63MW
	光伏	2031 年达 667MW
	太阳能热发电	2031 年达 50MW
	风电	2031 年达 680MW
瑞典	可再生能源发电	2020 年可再生能源每年发电量将超过 25TW·h
	可再生能源发电	2020 年与挪威的电力证书市场将达 26.4TW·h
瑞士	可再生能源发电	2035 年每年发电量将达 12TW·h；2050 年达 24.2TW·h
	水电	2035 年每年发电量将达 43TW·h
叙利亚	生物质发电	2020 年达 140MW；2025 年达 260MW；2030 年达 400MW
	光伏	2020 年达 380MW；2025 年达 1.1GW；2030 年达 1.8GW
	太阳能热发电	2025 年达 50MW
	风电	2020 年达 1GW；2025 年达 1.5GW；2030 年达 2GW

国家或地区	技术类型	目标
塔吉克斯坦	小水电	2020 年达 100MW
泰国	固体生物质燃料发电	2021 年达 4.8GW
	沼气发电	2021 年达 600MW
	城市垃圾发电	2021 年达 400MW
	地热发电	2021 年达 1MW
	水电	2021 年达 6.1GW
	海洋能发电（潮汐和波浪）	2021 年达 2MW
	光伏	2021 年达 3GW，2036 年达 6GW
	风电	2021 年达 1.8GW
特立尼达和多巴哥	可再生能源发电	100MW
突尼斯	可再生能源发电	2030 年达 4.6GW（容量的 40%）
	固体生物质发电	2030 年达 300MW
	太阳能热发电	2030 年达 10GW
	风电	2030 年达 16GW
土耳其	固体燃料	2023 年达 1GW
	地热能	2023 年达 1GW
	水电	2023 年达 34GW
	光伏	2023 年达 5GW
	风电	2030 年达 20GW
英国	海上风电	2030 年离岸风电达 39GW
美国		无国家目标
衣阿华州	可再生能源发电	非政府项目发电装机容量达到 105MW
马萨诸塞州	**风电（离岸）**	**2027 年达 1.6GW，2035 年再增加 1.6GW**
纽约	储能	2025 年储能达到 1.5GW 2030 年储能达到 3GW
得克萨斯州	可再生能源发电	5 880MW
乌兹别克斯坦	光伏	2019 年达 157.7MW；2020 年达 382.5MW；2021 年达 601.9MW；2025 年达 1.24GW
	风电	2021 年达 102MW；2025 年达 302MW

年份	累计数量	国家、省或州
2014	104	埃及；瓦努阿图；维尔京群岛（美国）
2015	104	无新增
2016	104	捷克（恢复）
2017	107	赞比亚，越南，马萨诸塞州（美国）
2018	107	无新增
总计	111	

注："累计数量"指在特定年份颁布实行上网电价政策的行政区数量。"总计"中不包括10个随后停止该政策的国家（巴西、韩国、毛里求斯、挪威、安大略（加拿大）、南非、西班牙、瑞典、美国和乌拉圭，并增加了9个国家（安道尔、洪都拉斯、马尔代夫、巴拿马、秘鲁、波兰、俄罗斯联邦、塞内加尔和塔吉克斯坦以及印度的五个邦（比哈尔邦、喜马偕尔邦、查谟和克什米尔、恰尔肯德邦和奥里萨邦）。

注：黑体字表示2018年新的或修改的政策；下划线表示不再执行上网电价政策。

资料来源：21世纪可再生能源政策网络，《全球可再生能源现状报告2019》，2019年6月，p.208。